Ferdinand Falkenberg

In 12 Wochen zum erfolgreichen Lehrer-Schüler-Team

Lehrerrolle finden, Lernklima schaffen, Basiskompetenzen fördern

Auer

Haftungsausschluss:
Alle Übungen wurden sorgfältig erwogen und geprüft. Die Durchführung erfolgt auf eigene Gefahr. Jede Lehrkraft muss potenzielle Gefahren selbst eruieren und entsprechende Maßnahmen ergreifen. Die Haftung des Autors bzw. des Verlags für Personen-, Sach- und Vermögenswerte ist ausgeschlossen.

Widmung:
Für Katrin, Sebastian und Lukas: Wir sind die tollste Mannschaft. Vielen Dank für die wertvollen Momente mit euch. Ich freue mich auf viele weitere Abenteuer …
Für Gabriele und Bernhard: Danke für die Unterstützung in allen Lebenslagen.

Wir haben uns für die Schreibweise mit dem Sternchen entschieden, damit sich Frauen, Männer und alle Menschen, die sich anders bezeichnen, gleichermaßen angesprochen fühlen. Aus Gründen der besseren Lesbarkeit für die Schüler*innen verwenden wir in den Kopiervorlagen das generische Maskulinum. Bitte beachten Sie jedoch, dass wir in Fremdtexten anderer Rechtegeber*innen die Schreibweise der Originaltexte belassen mussten.

1. Auflage 2023

Autor*innen: Ferdinand Falkenberg
Illustrationen: Sonja Eberle
Covergestaltung: Kirstin Lenhart München
Umschlagfoto: iStock by Getty Images - rangepuppies; iStock by Getty Images - A-Digit
Satz: Fotosatz H. Buck, Kumhausen
Druck und Bindung: Franz X. Stückle Druck und Verlag e.K.
ISBN 978-3-403-**08770**-0

www.auer-verlag.de

Inhaltsverzeichnis

Theorie

Praxis

1 Wir sind ein Team!

„Wir sind eine Mannschaft", „Elf Freunde müsst ihr sein", „Gemeinsam sind wir stark" – solche und ähnliche Aussagen drücken im Kern das aus, was wir Lehrkräfte uns wünschen: Eine funktionierende Klassengemeinschaft, die durch ein wertschätzendes Miteinander ein harmonisches Zusammenleben in der Schule ermöglicht und so die optimalen Voraussetzungen zum Lernen und Lehren bietet.

Für meinen Unterricht hieß das immer: Ich nehme mir die Zeit, die Schüler*innen zu einem Team zu formen. Im Laufe der Jahre hat sich aus unterschiedlichen Erfahrungswerten ein Konzept entwickelt, das sich in der Praxis bewährt hat. Es setzt sich aus verschiedenen pädagogischen Elementen zusammen; insbesondere die Erlebnispädagogik, die Gewaltfreie Kommunikation nach Rosenberg (GFK) und die Themenzentrierte Interaktion (TZI) sind wichtige Grundlagen dieses Konzepts, das ich Soko-TT (Sozialkompetenz-Team-Training) genannt habe.

Das Sozialkompetenz-Team-Training (Soko-TT) in der Schule

So hart es klingt, eine Klasse ist immer auch eine Art Zwangsgemeinschaft. Die Erlebnispädagogik ist ein wunderbares „Werkzeug", um aus dieser eine echte Gemeinschaft, ein Team, zu formen! Mit dem Sozialkompetenz-Team-Training (Soko-TT) bekommen Sie dafür ein äußerst hilfreiches Konzept an die Hand. Das soziale Lernen schafft hier einerseits Grundlagen für erfolgreiches Lernen – nur in Klassen, die ein wertschätzendes Miteinander pflegen, ist guter Unterricht möglich – und ist andererseits auch selbst Gegenstand des Unterrichts. Schließlich ist es ja originäre Aufgabe der Schule, die Schüler*innen auf die (soziale) Welt vorzubereiten.

Für den vorliegenden Band dient die Erlebnispädagogik als Grundlage. Diese handlungsorientierte Methode hat es sich zur Aufgabe gemacht, die Schüler*innen in ihrer Persönlichkeitsentwicklung zu fördern und zu stärken. Die Erlebnispädagogik soll daher im Kontext Schule die Sozial-, Persönlichkeits-, Handlungs- und Teamkompetenzen fördern. Sie bietet den Schüler*innen die Chance, die Konsequenzen ihres Verhaltens und Handelns unmittelbar zu erfahren und gewinnbringend zu verändern.

„Erlebnispädagogik ist eine handlungsorientierte Methode und will durch exemplarische Lernprozesse, in denen junge Menschen vor physische, psychische und soziale Herausforderungen gestellt werden, diese in ihrer Persönlichkeitsentwicklung fördern und sie dazu befähigen, ihre Lebenswelt verantwortlich zu gestalten" (Heckmair & Michl 1998, S. 75).

Der Lernprozess des Soko-TT

Die nachfolgend vorgestellten Modelle sollen helfen, die Prozesse des Lernens (nicht nur) im sozialen Bereich zu verstehen. Für die Planung einer Unterrichtsstunde ist es nötig, diese Modelle im Hinterkopf zu haben, um einerseits die Prozesse innerhalb der Klasse reflektieren und andererseits die konkrete Soko-TT-Einheit planen zu können. Mir persönlich haben diese Modelle zusätzlich geholfen, auch in schwierigeren Phasen des Teambuildings Prozesse zu verstehen und einordnen zu können.

Die Erlebnispädagogik ist von der Ganzheitlichkeit geprägt: Kopf, Herz und Hand werden in den Vermittlungsprozess eingebunden. Es geht nicht nur darum, nette Spiele durchzuführen, die Spaß machen (darum sprechen wir auch immer von Übungen und nicht von Spielen!). Die Planung der erlebnispädagogischen Übungen ist immer zielgerichtet auf die Klasse und einen speziellen Zeitpunkt ausgerichtet. Natürlich dürfen und sollen die Übungen aber auch Spaß und Freude bereiten!

Das soziale Lernen geschieht in der Gemeinschaft, d. h., der*die einzelne Schüler*in setzt sich als Individuum mit der Gruppe auseinander und lernt so u. a. durch Spiegelung das eigene Verhalten zu verstehen. Das gemeinsame Erleben von erlebnispädagogischen Aktionen führt zu besseren Beziehungen innerhalb der Klasse und zu einem intensiveren Gemeinschaftsgefühl.

Das Konzept des Empowerments

Dahinter steht das aus der sozialen Arbeit stammende Konzept des Empowerments (vgl. Herriger 2002). Die Schüler*innen sollen durch Lernprozesse in einer Vertrauenskultur befähigt werden, selbstbestimmt und selbstverantwortlich zu handeln. Ihnen wird das Vertrauen geschenkt, ihre Angelegenheiten und ihr Leben selbst in die Hand nehmen zu können und so ihre Ressourcen zu nutzen, um dadurch eine selbstbestimmte Lebensführung zu entwickeln.

Die Lernschleife

Grundlage der sozialen Lernprozesse im Soko-TT ist die sogenannte Lernschleife (vgl. Senninger 2004). In bzw. nach einer Aktion, einer durchgeführten Übung, reflektieren die Schüler*innen ihr Handeln. Die dabei gezogenen Schlussfolgerungen können im Zuge neuer Handlungen (im Alltag) eingesetzt werden. Es ist durchaus möglich, dass eine Übung aus mehreren Lernschleifen besteht (vgl. ebd., S. 28).

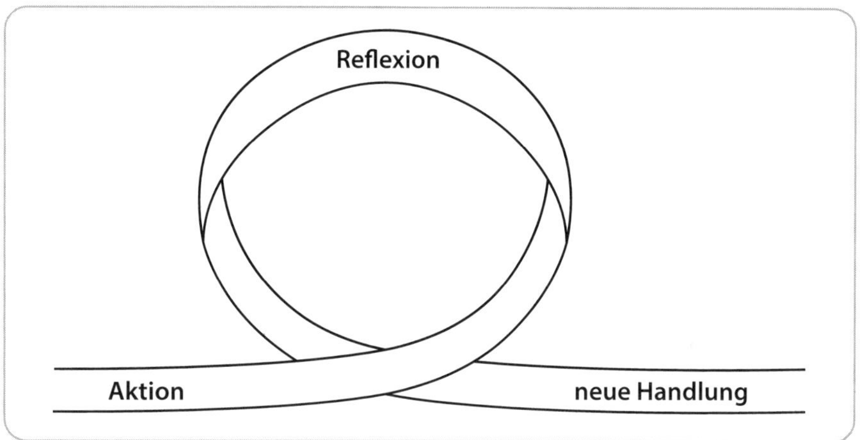

Die E-Kette nach Michl

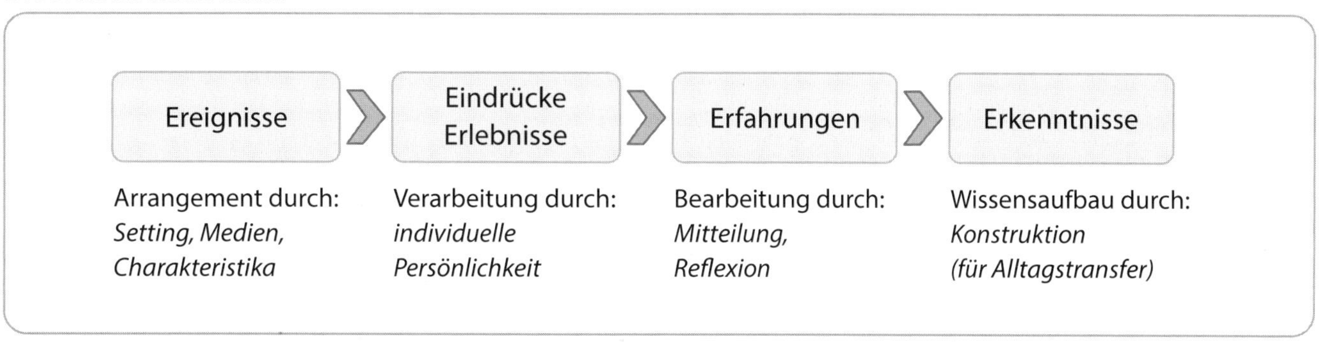

(Grafik nach Michl 2009, S. 11)

Der*Die Schüler*in nimmt ein Ereignis, das durch ein bestimmtes Setting geprägt ist, subjektiv wahr. Durch die individuelle Verarbeitung dieser Eindrücke wird es für ihn*sie zu einem Erlebnis. Erst durch die Reflexion und die Verarbeitung durch eine Mitteilung wird es zu einer Erkenntnis. Aus den so entstandenen Erkenntnissen werden Erfahrungen für den Alltag gezogen. Die Lehrkraft begleitet den*die Schüler*in bzw. die gesamte Klasse während des kompletten Prozesses, z. B. durch das Erstellen des geeigneten Settings oder die Anleitung zur Reflexion.

Die Waage

Beim Lernen bzw. bei der Konzeption von Lernprozessen in der Erlebnispädagogik kann eine sinnbildliche Waage eingesetzt werden, deren Gleichgewicht aus Eindruck und Ausdruck besteht. Auf der einen Seite steht die erlebnispädagogische Aktion, eine Übung. Auf der anderen Seite stehen die Reflexion und der Transfer. Die Mitte, also das Standbein, symbolisiert die Persönlichkeit des*der Schülers*Schülerin, die die Aktionen verarbeitet. Wird der Transfer, der durch Reflexion angeregt wird, nicht oder zu wenig fokussiert, „verkommt" die erlebnispädagogische Aktion zu einer rein freizeitpädagogischen, was per se nicht schlecht, aber nicht im Sinne des schulischen Wirkens ist. Wird das Ereignis, die Übung, vernachlässigt, kann der Transfer in den Alltag nur schwer erfolgen (Grafik nach Michl 2011, S. 9).

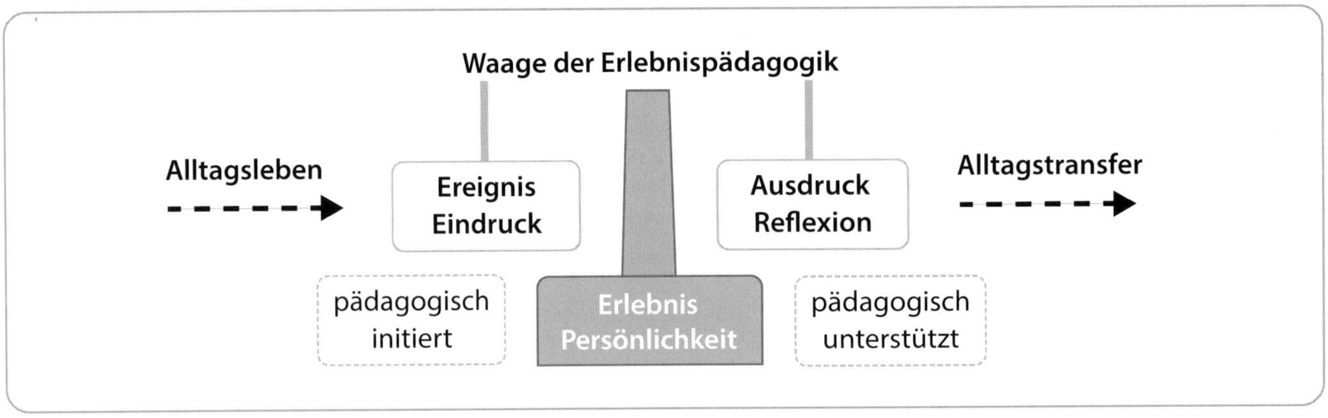

Das Lernzonenmodell

Um für die Schüler*innen das bestmögliche Setting zu schaffen, ist es wichtig, dass sie sich in der sogenannten Lernzone (s. Grafik) befinden. Hier ist ihr inneres Gleichgewicht gestört, sie stehen vor einer neuen Aufgabe, mit der sie sich auseinandersetzen müssen. Dafür müssen sie neue Strategien aufbauen bzw. haben die Chance, etwas Neues zu erlernen. Bleiben sie in der Komfortzone, findet kein Wissenszuwachs statt. Falls der Schritt aus der Komfortzone jedoch andererseits zu groß war, geraten die Schüler*innen in die Panikzone, d. h., sie haben Angst und können nicht bzw. nur schlecht lernen.

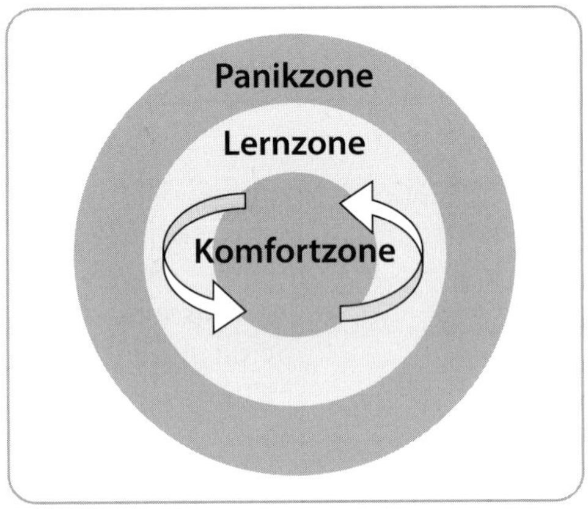

(vgl. Senninger 2004, S. 26)

Generell ist es wichtig, dass sich die Schüler*innen während des erlebnispädagogischen Sozialkompetenz-Team-Trainings in der Lernzone befinden sollten. Die Panikzone muss unbedingt vermieden werden. Ein gelegentliches Zurückkehren in die Komfortzone ist hingegen nicht „verboten", es schafft vielmehr Sicherheit und einen nicht zu vernachlässigenden Wohlfühlcharakter (Grafik nach Senninger 2004, S. 26). Bei allen Überlegungen ist außerdem zu beachten, dass das Prinzip der Freiwilligkeit (niemand muss mitmachen!) und das absolute Gebot der Sicherheit über allem stehen müssen.

Erlebnispädagogik wird oft mit dem Vorbehalt der erhöhten Gefährdung verknüpft. Sicherlich ist das Gefährdungspotenzial höher als im herkömmlichen Unterricht im Klassenzimmer, doch ein richtig kalkuliertes Risiko schafft einprägsame Erlebnisse. Ohne ketzerisch klingen zu wollen: Woran erinnern Sie sich aus Ihrer eigenen Schulzeit? Eher an eine „normale" Unterrichtsstunde oder an einen Ausflug? Wahrscheinlich eher an die Situation, die mit einem Erlebnis verbunden war.

Folgende Modelle sollen Ihnen Sicherheit dabei geben, auch Ihren Schüler*innen Erlebnisse zu ermöglichen.

2 Die pädagogische Gefährdungsbeurteilung

Das Thema Sicherheit spielt nicht nur beim Soko-TT eine wichtige Rolle. Prinzipiell sind hier die gleichen Richtlinien anzusetzen, die auch im „normalen" Schulunterricht gelten.

(Grafik nach Häußel 2020, S. 10)

Der erste Schritt ist, schon vorab Gefährdungen zu erkennen bzw. zu antizipieren. Diese können etwa technischer Art sein, beispielsweise gefährliche Materialien, die in einer Übung verwendet werden. Aber auch hinsichtlich der Organisation (unklare Laufwege oder Hinweise etc.) können potenzielle Gefahrenquellen auftreten. Des Weiteren können personelle Ursachen (wie zu wenig Kraft, Verhaltensauffälligkeiten etc.) Gefährdungspotenzial aufweisen. Anschließend muss das Risiko bewertet werden. Folgende Risikomatrix (nach Häußel 2020, S. 11) ist bei der Einschätzung hilfreich:

Eintrittswahrscheinlichkeit	**Schadensschwere**				
	keine gesundheitlichen Folgen	**Bagatellfolgen (der Schulbesuch kann fortgesetzt werden)**	**mäßig schwere Folgen (Abbruch des Schulbesuches ohne Dauerschäden)**	**schwere Folgen (irreparable Dauerschäden möglich)**	**tödliche Folgen**
noch nie davon gehört	gering	gering	gering	mittel	mittel
schon mal in der Zeitung gelesen	gering	gering	mittel	mittel	hoch
schon öfter gehört	gering	mittel	mittel	hoch	hoch
an der Schule schon mal vorgekommen	gering	mittel	hoch	hoch	hoch
selber schon mal erlebt	gering	mittel	hoch	hoch	hoch

Abschließend muss die Lehrkraft ihr Handeln nach der Risikobewertung ausrichten. Die Schüler*innen dürfen niemals in „[…] unkalkulierbare, inakzeptable, sicherheitsbeeinträchtigende Situationen" (Häußel 2020, S. 11) kommen. Alles, was in der Matrix mit einer potenziell hohen Schadensschwere bewertet wird, darf nicht durchgeführt werden. Was ein Risiko für einen mittleren Schaden trägt, muss überdacht werden. Sicherheit muss immer an oberster Stelle stehen! Die Durchführung der Übungen aus diesem Band erfolgt daher auf eigene Gefahr. Jede Lehrkraft muss potenzielle Gefahren selbst eruieren und entsprechende Vorsichtsmaßnahmen ergreifen. Die Haftung des Autors bzw. des Verlags ist ausgeschlossen.

3 Die Rolle der Lehrkraft im erlebnispädagogischen Sozialkompetenz-Team-Training

Der Lehrkraft kommt in der Erlebnispädagogik eine besondere und eventuell im Vergleich zum normalen Schulbetrieb veränderte (Schlüssel-)Rolle zu. Noch mehr als in anderen Bereichen ist die Arbeit der Lehrkraft dabei Beziehungsarbeit. Die notwendigen Qualifikationen der Erlebnispädagog*innen gliedert Reiners in die drei Grundkategorien Persönlichkeitsmerkmale, pädagogisch-psychologische Kompetenz und (natur-)sportliche Kompetenz (vgl. Reiners 2016, S. 46). Lehrkräfte verfügen durch ihre Ausbildung wie auch ihre Erfahrung im Vergleich zu Quereinsteiger*innen oft in allen drei Kategorien über erhöhte Kompetenzen.

Anfangs fiel es mir persönlich immer schwer, in der Erlebnispädagogik den Rollenwechsel vom Wissensvermittler zum Moderator und Begleiter zu vollziehen. Hier haben mir die Energizer, die ich vor jeder Soko-TT-Einheit mit den Schüler*innen gemacht habe, als Signal zum Wechsel geholfen. Auch die Schüler*innen haben dieses Signal angenommen. Mit der Zeit färbt der neue „Führungsstil" aber auch ab: Im „normalen" Unterricht wurde ich immer mehr zum Lernbegleiter. Soko-TT bietet hier ein wunderbares „Trainingsfeld", um die eigene Rolle und den eigenen Führungsstil im Unterricht zu reflektieren.

Die überflüssige Lehrkraft
Die sicherlich schwierigste Aufgabe im Vergleich zum normalen Wirken einer Lehrkraft ist es, „sich überflüssig zu machen" (ebd., vgl. Reiners 2016, S. 46). Als Lehrkraft ist es in der Erlebnispädagogik daher wichtig, auch loslassen zu können. Die utopische Vorstellung, alles im Griff haben zu können, behindert den Prozess des Lernens erheblich. Planungen sind gut und wichtig, müssen aber nicht starr befolgt werden, denn die spannendsten und lehrreichsten Momente ergeben sich oft ungeplant. Dies zu akzeptieren ist aber auch ein Lernprozess für Lehrkräfte, der meist eine Weile dauert.

Das TZI-Modell

Das TZI-Modell von Ruth Cohn bietet Lehrpersonen eine Grundlage dafür, das eigene Handeln zu reflektieren bzw. zu planen.

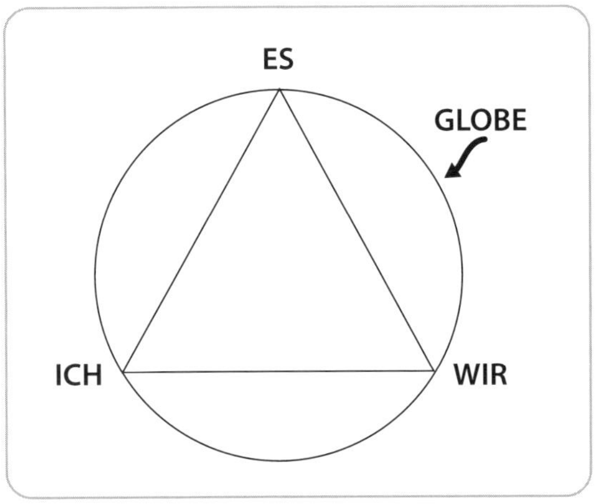

(Grafik nach Cohn/Terfurth 2007)

Das Modell, interpretiert für die Erlebnispädagogik, legt den Fokus im Lehr- und Lernprozess auf vier gleich wichtige Aspekte:

- **ICH:** Das „Ich" der Lehrkraft wie auch des*der Schülers*Schülerin.
- **WIR:** Die ganze Klasse, aber auch die Gemeinschaft aus Lehrkraft und Schüler*innen.
- **ES:** Eine Aufgabe oder eine Übung.
- **GLOBE**: Alle Strukturen, Bedingungen sowie das Umfeld, in dem die Erlebnispädagogikstunde stattfinden soll.

Folgende Regeln sollen dabei beachtet werden (angelehnt an Cohn/Terfurth 2007):

Störungen haben Vorrang
Im übertragenen Sinne kann das TZI-Dreieck als schwebendes Dreieck im Globe, das in Balance ist, dargestellt werden. Liegt auf einer Ecke zu viel Gewicht, so gerät das ganze System ins Wanken. Passt der Globe, also die Rahmenbedingungen, nicht, so kann auch das Dreieck nicht in Balance kommen. Für Lehrkräfte ist es daher essenziell, dafür zu sorgen, dass alle Faktoren in den gruppendynamischen Prozessen berücksichtigt werden und dass das Dreieck in Balance bleibt. Bei „Schräglage" des Dreiecks ist es somit die Aufgabe der Lehrkraft, sofort einzugreifen. Ruth Cohn spricht hier davon, dass Störungen immer Vorrang haben, da durch sie sonst Lernprozesse massiv behindert werden.

Ich-Form
Des Weiteren ist es nicht nur aus Gründen der Vorbildwirkung wichtig, in der Ich-Form zu sprechen. So zeigen wir als Lehrkräfte, dass wir Verantwortung für unser gesprochenes Wort übernehmen.

Fragen dienen dem Verständnis
Wenn in der Reflexion Fragen gestellt werden, sollen diese allein dem Verständnis dienen bzw. Lernprozesse anregen. Es ist hilfreich, den Schüler*innen auch zu erläutern, warum eine Frage gestellt wird. Beispiel: „Mir ist bei der Übung aufgefallen, dass …, deshalb ist mir folgende Frage gekommen …"

Sich Zeit nehmen
Genauso wichtig ist es, sich Zeit zu nehmen und diese den Schüler*innen zu geben. Eine Übung klappt nicht immer sofort oder dauert manchmal länger als geplant. Das ist einfach so! Das Sprichwort „Geduld ist eine Tugend" trifft es sehr gut.

Vertrauensvolle Atmosphäre
Um Lernerfahrungen im Sinne der Erlebnispädagogik zu schaffen, ist eine vertrauensvolle Atmosphäre in der Klasse ebenso wichtig wie ein gewisses Vertrauen der Schüler*innen zum*zur Lehrer*in. Beides immer wieder zu schaffen, sollte Ihr oberstes Anliegen sein. Fehler zu machen muss den Kindern und Jugendlichen erlaubt sein bzw. ist sogar erwünscht!

Beobachtungen
Während einer Übung lassen sich die Schüler*innen oftmals besser als im „normalen" Unterricht beobachten. Die Analyse des Beobachteten kann wiederum zu einem besseren Verstehen der Schüler*innen und ihrer Bedürfnisse führen. Natürlich können während einer Übung also auch Schüler*innenbeobachtungen notiert werden!

Umgang mit Störungen

Wie gehen Sie am besten mit Störungen (in der Erlebnispädagogik) um? Ein Allheilmittel hierfür gibt es sicher nicht, in der Praxis haben sich jedoch verschiedene Punkte bewährt:

1. Störungen haben Vorrang
Wie oben schon beschrieben, sollte über Störungen nicht hinweggegangen werden, denn unausgesprochene Probleme behindern den Lernprozess bzw. beanspruchen die Aufmerksamkeit und die Energie der Schüler*innen. Daher hat es oberste Priorität, diese Probleme offen anzusprechen und dementsprechend auch reagieren zu können. Dies führt zugleich zu einem vertrauensvollen Miteinander. Ziel ist es, dass nicht nur die Lehrkraft, sondern auch die Schüler*innen Schwierigkeiten offen ansprechen können. Das oben beschriebene TZI-Dreieck kann hierfür als sehr gut geeignetes Reflexionsmodell genutzt werden.

2. Planen und Antizipieren
Viele Störungen lassen sich durch gute Planung bzw. durch Antizipieren möglicher Störungsursachen vermeiden. Neben dem TZI-Dreieck bieten sich bei der Planung die 5 W-Fragen (modif. nach Ackermann et al. 2011, S. 8) an:

- Wer?
  - Zusammensetzung der Klasse
  - Vorerfahrung
  - Ängstliche / übermütige / ganz „besondere" Schüler*innen
  - Offene / schwelende Konflikte
- Was?
  - Welches Ziel hat die Übung?
  - Ist das Material für den Einsatz geeignet?
- Wo?
  - Geeignete Auswahl des Ortes passend zur Übung (der Ort kann Übungen massiv beeinflussen!)
- Wann?
  - Zeitpunkt (wichtig bspw. für Konzentration!)
  - Wie viel Zeit ist eingeplant?
  - Ist ein Zeitpuffer vorhanden? (Zu wenig Zeit macht unnötigen Stress!)
- Wie?
  - Ist die Anmoderation klar und knapp?
  - Klare Regeln sind kommuniziert und verstanden worden
  - Sicherheit geht vor
  - Ein gemeinsames Stopp-Signal ist vereinbart worden

3. Was hilft dir und uns?
Wenn ein*e Schüler*in partout stört, sollte dies klar reflektiert und thematisiert werden. Oftmals ist das Verhalten die berühmte Spitze des Eisbergs, d. h., es ist lediglich ein Zeichen, dass viel mehr hinter dem gezeigten Verhalten stecken könnte. Die Frage „Was kann ich als Lehrkraft bzw. was kann die Klasse für dich tun, damit wir gemeinsam die Übung machen können?", hat sich hier bewährt.

4. Die Notlösung
Wenn wirklich alle Versuche gescheitert sind, kann ein*e übermäßig störende*r Schüler*in auch von der Übung ausgeschlossen und mit einer Beobachtungsaufgabe betraut werden.

4 Der Aufbau des Soko-TT

Nachfolgend soll erläutert werden, wie das sozialpädagogische Sozialkompetenz-Team-Training aufgebaut ist.

Die Soko-TT-Treppe

Kern des Soko-TT ist eine Treppe, die es zu erklimmen gilt. Diese Treppe ist nicht sonderlich steil und es ist durchaus möglich, mal eine ihrer Stufen zu überspringen. Generell geht man auf einer Treppe aber wesentlich komfortabler, wenn man sich eine Stufe nach der anderen erarbeitet!
Die Module „Vertiefung", „Energizer und Entspannung" sowie „Reflexion" dienen quasi als Treppengeländer. Mir hilft dieser Leitfaden, den Überblick in der Masse der Übungen zu behalten, indem ich mich an ihm entlang hangele.

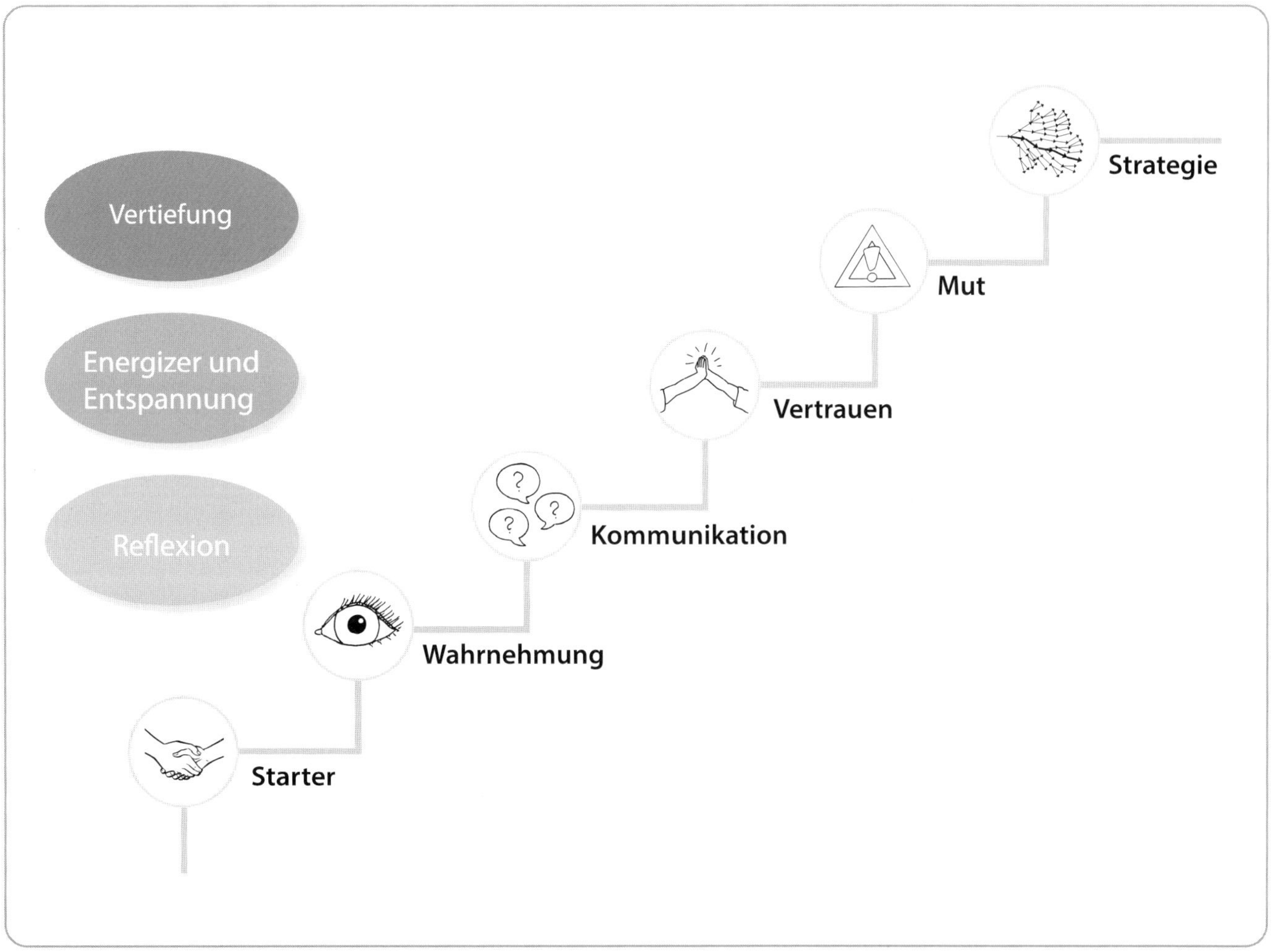

(modif. nach Ackermann et al. 2011)

Oftmals wird von „Spielen" in der Erlebnispädagogik gesprochen. Mir ist der Begriff „Übungen" näher, da dabei die Ernsthaftigkeit, die ja durch die anschließende Reflexion unterstrichen wird, im Vordergrund steht. Alle vorliegenden Übungen wurden in der Praxis ausprobiert und sind gegebenenfalls modifiziert worden. Sie stellen lediglich eine „kuratierte" Auswahl der schier unendlichen Fülle aller Übungen dar. Diese haben sich in der Praxis bewährt!

Viele der Übungen sind in Fortbildungen entstanden, entwickelt und weitergegeben worden. Manche habe ich durch Kolleg*innen kennengelernt, andere sind in der Zusammenarbeit mit Schüler*innen entstanden. Einige Übungen habe ich extra für dieses Konzept entwickelt. Es sind jedoch auch viele bewährte „Klassiker" der Erlebnispädagogik hier aufgeführt. Im Anhang finden Sie zudem empfehlenswerte Bücher mit vielen weiteren Übungen. Mein Dank gilt all denen, die mit mir die Übungen ausprobiert und sich darauf eingelassen haben! Für Ihre persönlichen Übungen bzw. den Aufbau einer eigenen Übungskartei finden Sie am Ende des Bandes Blankovorlagen zum Ausfüllen.

Die oben dargestellte „Soko-TT-Treppe" zeigt eine Möglichkeit des chronologischen Vorgehens auf. Am Ende stehen sogenannte Strategie-Aufgaben, die Kooperations- und Problemlösungselemente aufweisen. Diese Aufgaben werden gemeinhin als Teamaufgaben oder als *die* erlebnispädagogischen Übungen schlechthin angesehen. Es bietet sich dabei aus mehreren Gründen an, die Treppe Stufe für Stufe zu erklimmen: Erst wenn sich die Schüler*innen kennen, können sie starten und sich auf Wahrnehmungsübungen einlassen. Miteinander kommunizieren zu können, ist unbedingt nötig, um einander zu vertrauen. Ein Schritt „zurück" ist immer möglich, manchmal auch sehr nötig und keinesfalls als negativ anzusehen. Mut-Aufgaben können, aber müssen nicht durchgeführt werden. Die Strategieaufgaben stellen die „Königsaufgaben" dar, hierbei müssen die Schüler*innen kooperieren und ihre Problemlösekompetenz unter Beweis stellen. Es bietet sich an, im Rahmen von Soko-TT auch eine Klassenfahrt zu unternehmen, während der die Inhalte noch intensiver bearbeitet werden können.

Einordnung der Übungen
Die Einordnung der Übungen in die einzelnen Treppenstufen ist nicht immer passgenau zu vollziehen, manche stehen mit einem Bein beispielsweise im Bereich Wahrnehmung und mit dem anderen auf der Vertrauensstufe. Es ist auch durchaus möglich, von der gezeigten Reihenfolge abzuweichen, da eine Klasse eine bestimmte Übung vielleicht genau jetzt „benötigt". Das können Sie als Lehrkraft am besten einschätzen!

Aufbau der Übungskarten
Eine altersgemäße Passung wurde aus oben genannten Gründen nicht vorgenommen. Die Zeitangaben sind auch nur Richtwerte, die Reflexionsfragen sind ebenso als beispielhaft anzusehen. Die meisten Übungen kommen mit sehr geringem Materialaufwand aus.

Die Formung eines Teams mit erlebnispädagogischen Übungen

Eine Klasse ist ein Organismus, der sich zu einem Team hin entwickeln muss. Ähnlich wie eine Sportmannschaft muss das Team erst zusammenwachsen. Dieses Zusammenwachsen läuft normalerweise in drei Phasen (modif. nach Tuckman 1965) ab:

In der **Forming-Phase** kommt es zu einem ersten Kennenlernen, beispielsweise am Anfang des neuen Schuljahres. Diese Phase wird einerseits von Neugier, andererseits aber auch von Zurückhaltung und Unsicherheit geprägt. Hier bieten sich die Übungen der ersten, teils auch schon der zweiten Stufe an.
In der **Storming-Phase** werden die Rollen in der Klasse verteilt. In dieser von möglichen Konflikten geprägten Phase sind Übungen der Stufen „Wahrnehmung" und „Kommunikation" sehr wichtig. Ein ganzer Tag voller erlebnispädagogischer Aktionen ist sehr empfehlenswert, um das erste Wir-Gefühl zu entwickeln.
In der **Norming-Phase** haben die meisten Schüler*innen ihre Rollen bereits akzeptiert. Nun ist durch die vielen Übungen der „Boden" für Vertrauensübungen bereitet.
Nachdem diese drei Phasen durchlaufen wurden, können Übungen aus den Bereichen „Mut" und „Strategie" verwendet werden.

Die Vorbereitung einer Soko-TT-Stunde (modif. nach Ackermann et al. 2011, S. 8)

Die Planung einer Soko-TT- Stunde ist im Prinzip nichts anderes als eine „gewöhnliche" Unterrichtsplanung, auch sie beansprucht Zeit und verursacht Mühen. Je besser die Planung, desto sicherer geht man in die Durchführung. Umso größer die Erfahrung, desto kürzer wird die benötigte Zeit jedoch. Ganz ohne Planung geht es allerdings auch dann nicht. Die bereits erwähnten W-Fragen haben sich hier als praktikables Instrument herausgestellt.

Wer?	Was?	Wo?	Wann?	Wie?
• Zusammensetzung der Klasse • Vorerfahrung • ängstliche / übermütige / ganz „besondere" Schüler • offene / schwelende Konflikte	• Welches Ziel hat die Übung? • Ist das Material für den Einsatz geeignet?	• Auswahl des Ortes passend zur Übung (der Ort kann Übungen massiv beeinflussen!)	• Zeitpunkt (wichtig bspw. für Konzentration!) • Wie viel Zeit ist eingeplant? • Ist Zeitpuffer vorhanden (zu wenig Zeit verursacht unnötigen Stress!)?	• Ist die Anmoderation klar und knapp? • Klare Regeln sind kommuniziert und verstanden worden • Sicherheit geht vor • Ein gemeinsames Stopp-Signal ist vereinbart worden

Der Aufbau einer Soko TT-Stunde in fünf Schritten

Der klassische Aufbau einer Soko-TT-Stunde sieht folgendermaßen aus:

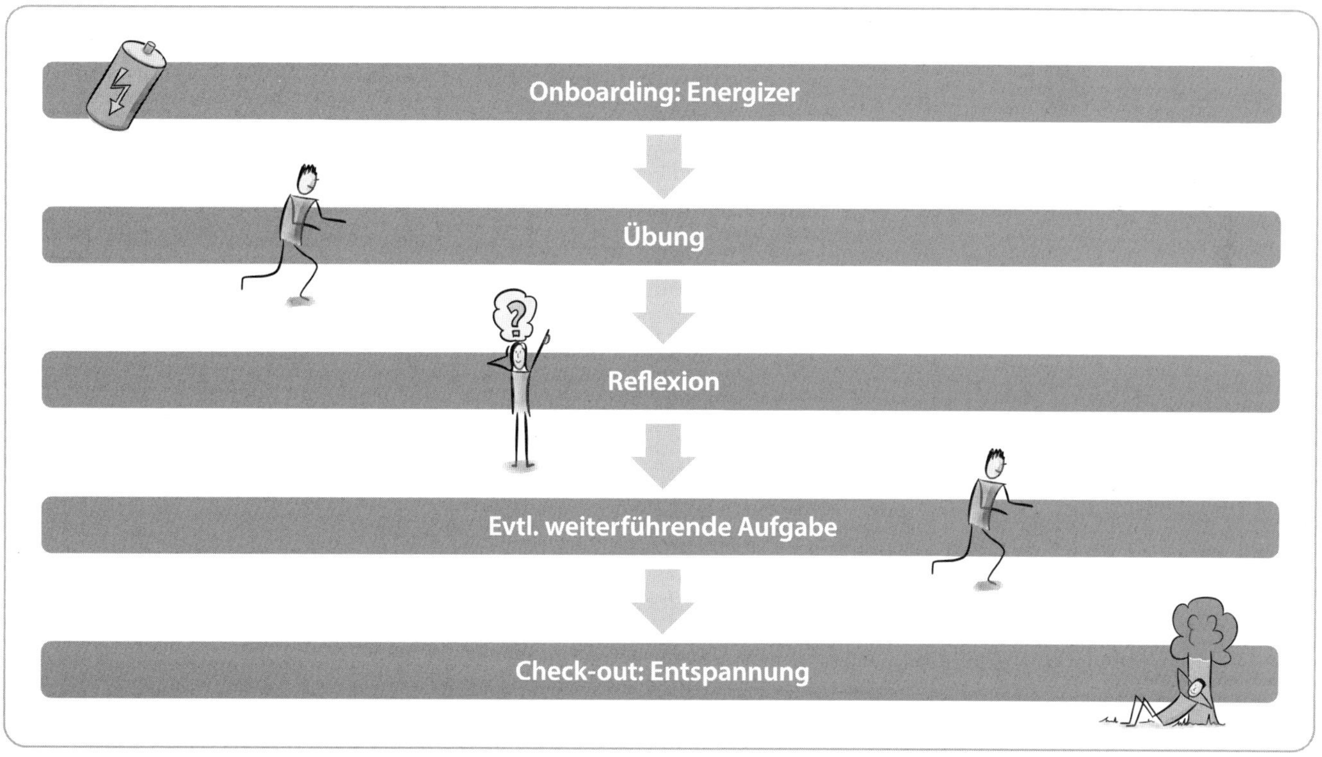

(angelehnt an Krucinski 2011, S. 12)

Gestartet wird mit einem Energizer. Dieser dient dazu, die Schüler*innen zu aktivieren und den Fokus auf das Kommende zu legen. Die Übungen fördern durch die Verknüpfung der beiden Gehirnhälften auch die Konzentration. Viele weitere Übungen finden Sie in meinen Bänden „Volle Konzentration in fünf Minuten" (BN 07803) und „Konzentrationsbooster & Energizer für die Schule" (BN 08483). Evtl. wird im Anschluss die weiterführende Aufgabe der letzten Stunde besprochen. Dann wird eine Übung aus den verschiedenen Treppenstufen durchgeführt, bevor abschließend gemeinsam reflektiert wird. Dies kann mithilfe der Reflexionskarten erfolgen. Eine Reflexion, die sich aus einem Gespräch entwickelt, ist aber auch sehr wertvoll. Der Fokus soll immer auf den Transfer vom Erlebnis zum Alltag gelegt werden, denn das Lernen findet ja schwerpunktmäßig in dieser Phase statt. Das Konzept „The mountains speak for themselves" – dass also keine von außen initiierte Reflexion erfolgt –, ist in der Schule schwer umsetzbar. Eine Möglichkeit der Umsetzung bietet sich evtl. im Zuge von Schullandheimaufenthalten o. Ä. Manchmal bietet es sich zudem an, den Schüler*innen weiterführende Aufgaben, die das Thema vertiefen, mitzugeben. Dies dient der vertiefenden Nachhaltigkeit. Bei vielen Übungen empfiehlt es sich dabei, ein kleines Heft zum Protokollieren anzulegen. Abschließend soll eine kurze Entspannungsübung praktiziert werden, um einerseits eine klare Trennung vom „normalen" Unterricht zu verdeutlichen und andererseits den Schüler*innen Raum für sich selbst und zur Verarbeitung ihrer Erkenntnisse zu geben. Dazu können neben den Übungskarten auch Übungen aus dem Bereich der Progressiven Muskelentspannung oder eine Fantasiereise (z. B. aus dem Buch „Volle Konzentration in fünf Minuten", BN 07803) dienen.

Integration von Soko-TT in die Schule

Es gibt unterschiedlichste Möglichkeiten, Soko-TT in den Schulalltag zu integrieren. Wohl in jedem Lehrplan finden sich Gemeinsamkeiten bzw. Verknüpfungsmöglichkeiten damit, sodass eine Rechtfertigung der Durchführung nicht allzu schwer sein sollte (sofern diese überhaupt noch nötig ist!). Sehr schön ist es natürlich, wenn im Stundenplan fix eine oder zwei Stunden für Soko-TT verankert werden. Noch besser ist es, wenn die Stunden von zwei Lehrkräften bzw. einer Lehrkraft und einem*einer Sozialpädagogen*Sozialpädagogin angeleitet werden. Falls diese Umsetzung nicht möglich ist, bieten sich folgende alternative Möglichkeiten an:

- Integration im Rahmen des Klassenleiter*innenunterrichts
- Integration im Rahmen des Ganztagsunterrichts
- Integration als Projektwoche
- Integration im Rahmen einer Klassenfahrt

Wichtig ist immer, dass durch Kontinuität die Nachhaltigkeit des Konzepts gesichert ist!

Beispiel: Eine neue Klasse findet sich

Hier soll nur exemplarisch ein Weg aufgezeigt werden, wie die Kinder oder Jugendlichen einer neu „zusammengewürfelten" Klasse einander kennenlernen könnten. Jede Klasse und jede Lehrkraft sind jedoch anders! Daher kopieren Sie den vorgeschlagenen Verlauf bitte nicht einfach, sondern verstehen Sie ihn als Anregung für sich und Ihre Schüler*innen!

1. Woche

Thema	Kennenlernen
Onboarding	Fingerschnapper
Übung 1	Positionswechsel
Übung 2	Wappen aus Flunkerhausen
Reflexion	Daumenfeedback
Check-out	Bootsfahrt

2. Woche

Thema	Kennenlernen
Onboarding	Fingerläufer
Übung 1	Die Eieruhr geht um
Übung 2	Wer sitzt dahinter?
Reflexion	Kreisstimmung
Check-out	Tiefe Mitte
Wochenaufgabe	Komplimente

3. Woche

Thema	Wahrnehmung
Onboarding	Luft-Breze
Übung 1	Barfußlauf
Übung 2	Handauflegen
Reflexion	Wetterbericht
Check-out	La Ola
Wochenaufgabe	Der*Die geheime Freund*in

4. Woche

Thema	Wahrnehmung
Onboarding	Fingerläufer
Übung 1	Zeig dein Gefühl
Übung 2	Eine*r ist weg
Reflexion	Seilfeedback
Check-out	Strohhalm-Atmung
Wochenaufgabe	Achtsame Sinne

5. Woche

Thema	Wahrnehmung
Onboarding	Kniefänger
Übung 1	Blinder Knoten
Übung 2	Gefühlspost
Reflexion	Abgehangen
Check-out	4-7-8

6. Woche

Thema	Vertrauen
Onboarding	Fingerschnapper
Übung 1	Vertrauenspendel
Übung 2	Wo bist du?
Reflexion	Leise rieselt der Sand
Check-out	Bootsfahrt
Wochenaufgabe	Atmen

7. Woche

Thema	Wahrnehmung
Onboarding	Fingerläufer
Übung 1	Blinder Baum
Übung 2	Vertrauensgasse
Reflexion	Ampel
Check-out	Fantasiereise

8. Woche

Thema	Wagnis
Onboarding	Luft-Breze
Übung 1	Seilschwung
Übung 2	Balanceakt
Reflexion	Zonenreflexion
Check-out	Tiefe Mitte
Wochenaufgabe	Meine Gefühle

9. Woche

Thema	Strategie
Onboarding	Fingerläufer
Übung 1	Märchen knobeln
Übung 2	Abwärts!
Reflexion	Gewichtheber
Check-out	La Ola
Wochenaufgabe	Dankbarkeitsbaum

10. Woche

Thema	Strategie
Onboarding	Kniefänger
Übung 1	Stabfaller
Übung 2	Die verfaulte Insel
Reflexion	Abgehangen
Check-out	Tiefe Mitte

11. Woche

Thema	Strategie
Onboarding	Fingerläufer
Übung	Eierflug
Reflexion	Das Schiff
Check-out	Fantasiereise

12. Woche

Thema	Strategie
Onboarding	Luft-Breze
Übung 1	Balltransport
Übung 2	Feuerlöscher
Reflexion	Das Schiff
Vertiefung	Unser Team
Check-out	La Ola

Eine Soko-TT-Klassenfahrt (3 Tage)

1. Tag

Vormittag Anreise

Tagesaufgabe: Komplimente

	Nachmittag Teil 1
Onboarding	Fingerschnapper
Übung 1	Positionswechsel
Übung 2	Wappen aus Flunkerhausen
Reflexion	Daumenfeedback

	Nachmittag Teil 2
Onboarding	Die Eieruhr geht um
Übung 1	Wer sitzt dahinter?
Übung 2	Kreisstimmung
Reflexion	Tiefe Mitte
Check-out	Bootsfahrt

2. Tag

Tagesaufgabe: Der*Die geheime Freund*in

	Vormittag Teil 1
Onboarding	Luft-Breze
Übung	Barfußlauf und evtl. Handauflegen
Reflexion	Wetterbericht

	Vormittag Teil 2
Onboarding	Fingerläufer
Übung	Mutter drehen
Übung	Seilschwung
Reflexion	Abgehangen
Check-out	Tiefe Mitte

	Nachmittag Teil 1
Onboarding	Kniefänger
Übung	Unsere Mannschaft

	Nachmittag Teil 2
Onboarding	Fingerläufer
Übung 1	Balltransport
Übung 2	Der Schatz im See
Reflexion	Das Schiff
Check-out	Fantasiereise

3. Tag

	Vormittag
Onboarding	Fingerschnapper
Übung 1	Feuerlöscher
Übung 2	Eierflug
Reflexion	Abgehangen
Check-out	La Ola

danach

Abreise

Literaturverzeichnis

Ackermann, C. et al. (2011): Schulerlebnispädagogik. Donauwörth: Lipura.

Cohn, Ruth; Terfurth, Christina (Hg.) (2007): Lebendiges Lehren und Lernen. TZI macht Schule. Stuttgart: Klett-Cotta.

Häußel, Heiko (2020): Die pädagogische Gefährdungsbeurteilung in Schulen. Handlungshilfe zur sicheren Organisation sportlicher Aktivitäten. Abrufbar unter https://kuvb.de/fileadmin/daten/dokumente/GBI/Broschueren/Sch%C3 %BCler-UV/2020_05_06_p%C3 %A4d_GefBU_Sport_final.pdf, zuletzt geprüft am 18.08.2023.

Heckmair, Bernd; Michl, Werner (1998): Erleben und Lernen. Einstieg in die Erlebnispädagogik. München: Luchterhand.

Herriger, Norbert (2002): Empowerment in der Sozialen Arbeit. Stuttgart: Kohlhammer.

Michl, Werner (2009): Erlebnispädagogik. München: Ernst Reinhardt.

Michl, Werner (2011): Erlebnispädagogik. 2. Auflage. München: Ernst Reinhardt.

Reiners, Annette (2016): Praktische Erlebnispädagogik 1. Bewährte Sammlung motivierender Interaktionsspiele – Band 1. Augsburg: Ziel.

Senninger, Tom (2004): Abenteuer leiten – in Abenteuern lernen. Münster: Ökotopia.

Tuckman, Bruce W. (1965): Developmental sequence in small groups. Psychological Bulletin, 63(6), 384–399.

Literaturempfehlungen

Albustin, Ute; Post, Eva-Maria (2012): „Vom Ich zum Du zum Wir". Handout.

Andersen, Alexandra (2020): Achtsamkeit im Unterricht. Konzentration, Entspannung und Wahrnehmung trainieren. Berlin: Cornelsen.

Bieligk, Michael (2010): Erlebnissport in der Halle. Wiebelsheim: Limpert.

Gilsdorf, Rüdiger; Kistner, Günter (2013): Kooperative Abenteuerspiele 1-3. Seelze: Kallmeyer.

Häfele, Alexander (2007): „Trau ich mich?" Abenteuersport in der Turnhalle. Dortmund: Borgmann Media.

Heldt, Ursula (2020): So klappt Gewaltfreie Kommunikation in der Sek.! Hamburg: AOL.

Klein, Irene (2022): Gruppen leiten ohne Angst. Themenzentrierte Interaktion (TZI) zum Leiten von Gruppen und Teams. Augsburg: Auer.

Kostyra, Karin (2021): Die 50 besten Spiele für Gewaltfreie Kommunikation. München: Don Bosco.

Krucinski, Andrea (2011): Soziales Lernen im Unterricht. Praxiserprobte Bausteine und Anregungen. Berlin: Cornelsen.

Minkner, Klaus (2014): Erlebnispädagogik im Klassenzimmer. Praktische Übungen zur Wissensvermittlung. Augsburg: Ziel.

Moosmann, Klaus (Hg.) (2011): Das große Limpert-Buch der Kleinen Spiele. Wiebelsheim: Limpert.

Schatz, Herbert; Bräutigam, Dorothea (2012): Locker Bleiben. Sozialtraining für Schüler mit sonderpädagogischem Förderbedarf. Dortmund: Borgmann.

Übungen zum Kennenlernen

Schüler*innen

eine Klasse

Material

Sandsäckchen / Bälle

Raum

Klassenzimmer

Zeit

ca. 10 Minuten

Im Kreis

Alle Schüler*innen stehen im Kreis. Im ersten Durchgang wird ein Sandsäckchen oder Ball von einem Kind zu einem anderen geworfen. Wer das Säckchen / den Ball hatte und weitergeworfen hat, verschränkt die Arme. Jede*r muss das Säckchen / den Ball einmal fangen. Nach dem ersten Durchgang landet es bei der Lehrkraft. Im zweiten Durchgang muss die gleiche Reihenfolge eingehalten werden. Im dritten Durchgang wird nach kurzer Zeit ein weiteres Säckchen / ein weiterer Ball hinzugenommen, aber in umgekehrter Reihenfolge geworfen.

Variation

☞ Auf Zeit: Wie viele Säckchen schaffen wir in vier Minuten?

Reflexion

Woran erkennen wir einander?

KENNENLERNEN

Schüler*innen

eine Klasse

Material

Decke

Raum

Klassenzimmer,
Outdoor, Turnhalle

Zeit

ca. 10 Minuten

Wer sitzt dahinter?

Die Schüler*innen werden in zwei Gruppen aufgeteilt. Zwischen den Gruppen wird eine Decke aufgespannt, die von zwei Schüler*innen gehalten wird. Jede Gruppe muss nun eine Person bestimmen, die sich an die Decke setzt.
Deren Aufgabe ist es, möglichst schnell den Namen des*der auf der anderen Seite der Decke Sitzenden zu nennen, wenn die Decke gefallen ist. Nun wird die Decke auf „3-2-1" fallengelassen. Wer schneller den Namen des Gegenübers nennt, hat gewonnen. Wer verliert, muss in die gegnerische Gruppe.

Variation

☞ mit Verkleidung (Cap, Perücke etc.)

Reflexion Woran erkennen wir einander?

KENNENLERNEN

Schüler*innen

eine Klasse

Material

Besen /
Zeigestab

Raum

Klassenzimmer,
Outdoor, Turnhalle

Zeit

ca. 5 Minuten

Besenfall

Die Schüler*innen sitzen im Stuhlkreis. Ein Kind (evtl. am Anfang die Lehrkraft) steht in der Mitte und hält einen Besen senkrecht. Dann ruft es einen Namen und lässt den Besen los. Der*Die angesprochene Schüler*in muss den Besenstiel auffangen. Berührt der Besenstiel den Boden, muss diese*r Schüler*in in die Mitte. Wird der Stiel gefangen, bleibt der*die vorige Schüler*in in der Mitte.

Variation

☞ Statt Besen Zeigestab verwenden.

Reflexion Welche Fähigkeiten benötigen wir für diese Übung?

KENNENLERNEN

Schüler*innen

eine Klasse

Material

Langbank

Raum

Klassenzimmer, Outdoor, Turnhalle

Zeit

ca. 5 Minuten

Positionswechsel

Die Schüler*innen stehen auf einer Langbank und positionieren sich nach bestimmten Merkmalen.
Die Langbank darf dabei nicht verlassen werden.
Merkmale können z. B. sein:

a) Namen nach dem Alphabet
b) Entfernung zw. Schule und Wohnort (Landkarte)
c) Hobbys alphabetisch
d) Geburtsdaten
e) Haustiere, Lieblingstiere, Lieblingsfarbe alphabetisch

Die Lehrkraft beachtet die Sicherheitshinweise und trifft entsprechende Maßnahmen.

Variation

☞ Zur Differenzierung: Ohne zu sprechen!
Statt einer Langbank kann auch eine Linie verwendet werden.

Reflexion

Wie habt ihr euch organisiert und warum?

KENNENLERNEN

Schüler*innen

eine Klasse

Material

–

Raum

Klassenzimmer, Outdoor, Turnhalle

Zeit

ca. 5 Minuten

Bin ich es?!

Alle Schüler*innen stehen im Kreis (paarweise nebeneinander, nur ein*e Schüler*in steht allein). Aufgabe ist es, den*die Partner*in am Weglaufen zu hindern, wenn dessen*deren Name gerufen wird. Die Herausforderung dabei ist, dass man nicht bei der Nennung des eigenen Namens davonläuft. Schafft man dies nicht, steht man danach selbst in der Mitte.

Variation

☞ –

Reflexion

Welche Fähigkeiten benötigen wir für diese Übung?

KENNENLERNEN

Schüler*innen

eine Klasse 

Material

– 

Raum

Outdoor,
Turnhalle 

Zeit

ca. 5 Minuten 

Jetzt geht es rund

Jede*r Schüler*in sucht sich in Gedanken eine*n Mitschüler*in aus, darf den jeweiligen Namen aber nicht preisgeben.
Nach einem Signal der Lehrkraft umrunden alle Kinder oder Jugendlichen den*die jeweilige*n ausgesuchte*n Schüler*in zehn Mal. Dies machen alle Schüler*innen gleichzeitig.
Nach fünf Minuten wird die Übung unterbrochen.

Variation

–

Reflexion

Hast du gemerkt, dass du umrundet wurdest? Wie hast du dich dabei gefühlt?

KENNENLERNEN

Schüler*innen

eine Klasse 

Material

– 

Raum

Klassenzimmer,
besser Outdoor 

Zeit

ca. 5 Minuten 

Dynamische Dreiecke

Jede*r Schüler*in sucht sich in Gedanken zwei Mitschüler*innen aus. Die Namen der Schüler*innen dürfen nicht preisgegeben werden. Nach einem Signal der Lehrkraft bildet er*sie mit den beiden Mitschüler*innen ein gleichschenkliges Dreieck.
Nach fünf Minuten wird die Übung unterbrochen.

Variation

☞ Zu viert: Quadrat

Reflexion

Mit welcher Situation in der Schule kannst du das vergleichen?

KENNENLERNEN

Wappen aus Flunkerhausen

Schüler*innen

eine Klasse 

Material

DIN-A4-Papier, Stifte 

Raum

Klassenzimmer 

Zeit

ca. 30 Minuten 

KENNENLERNEN

Die Schüler*innen gehen zu zweit zusammen. Auf ein Blatt wird von beiden je ein Wappen gezeichnet (evtl. als Vorlage ausgedruckt), das vier Felder hat. Die vier Felder können sein: Hobbys, Eigenschaften, Familie, Haustier etc. Eines der Felder enthält falsche Angaben.
Anschließend stellt der*die Partner vor der Gruppe das Wappen glaubhaft vor. Der Rest der Klasse versucht zu erraten, was geflunkert ist. Der*Die Wappenbesitzer*in löst dann auf. So stellt die ganze Klasse ihre Wappen vor.

Variation

☞ Alle Angaben sind falsch, nur eine stimmt.

Reflexion: Was hast du Neues von deinen Mitschüler*innen erfahren?

Die Eieruhr geht um

Schüler*innen

eine Klasse 

Material

Eieruhr 

Raum

Klassenzimmer 

Zeit

ca. 5 Minuten 

KENNENLERNEN

Die Schüler*innen sitzen oder stehen im Kreis. Eine Eieruhr wird drei Mal im Kreis herumgereicht. Die Uhr ist auf zwei bis drei Minuten eingestellt. Jede*r Schüler*in, der*die die Uhr hat, gibt eine Information preis und reicht die Uhr dann schnell weiter. Das muss innerhalb der vorgesehenen Zeit passieren. Es müssen Aussagen getätigt werden wie:
1. Runde: Mein Name
2. Runde: Mein Lieblingsessen
3. Runde: Mein Lieblingstier

Variation

☞ Lieblingsreiseziel, Lieblingsfortbewegungsmittel …

Reflexion: Was hast du Neues von deinen Mitschüler*innen erfahren?

Schüler*innen

eine Klasse

Material

Teppichfliesen (Klassenstärke + 1)

Raum

Klassenzimmer, besser Turnhalle

Zeit

ca. 5 Minuten

Nur Gutes!

Alle Schüler*innen verteilen sich im Raum auf Teppichfliesen o. Ä. Eine Fliese bleibt dabei frei. Sie darf nur betreten werden, wenn ein*e Schüler*in eine positive Eigenschaft von sich nennt und danach die derzeitige Fliese verlässt. Jede*r Schüler*in sollte mindestens drei Mal die Teppichfliese wechseln.

Reflexion

Ist es dir leichtgefallen, positive Eigenschaften von dir selbst zu nennen?

KENNENLERNEN

Schüler*innen

eine Klasse

Material

Zettel mit Fragen

Raum

Klassenzimmer, besser Turnhalle

Zeit

ca. 15 Minuten

Fragen über Fragen

Die Hälfte der Schüler*innen läuft mit einem Zettel durch den Raum, die andere Hälfte steht und wartet. Nun gehen die Schüler*innen mit Zettel auf Schüler*innen ohne Zettel zu und stellen ihnen verbal eine Frage. Der*Die befragte Schüler*in stellt die Antwort pantomimisch so lange dar, bis der*die fragende Schüler*in sie erraten hat. Nun wird der Zettel getauscht und der*die neue fragende Schüler*in sucht sich eine*n neue*n Partner*in.

Mögliche Fragen:

- Was ist dein Lieblingstier?
- Was isst du am liebsten?
- Was hast du gestern nach der Schule gemacht?
- Welchen Sport machst du am liebsten?
- Was ist dein Lieblingsfach?
- Wo warst du zuletzt im Urlaub?

Reflexion

Was hast du Neues erfahren? Ist es dir leichtgefallen, auf die anderen Schüler*innen zuzugehen?

KENNENLERNEN

Übungen für die Wahrnehmung

Schüler*innen

eine Klasse 

Material

Seile 

Raum

Klassenzimmer 

Zeit

ca. 10 Minuten 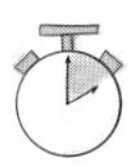

Barfußlauf

Die Schüler*innen gehen zu zweit zusammen. Eine*r von beiden legt mit einem Seil Figuren auf den Boden. Der*Die andere Schüler*in läuft mit verbundenen Augen barfuß auf dem Seil und muss erraten, welche Figur gelegt wurde.

Variation

☞ Rückwärts laufen
☞ Zu dritt: Zwei legen die Figur, eine*r geht barfuß.

Reflexion

Wie war es, blind zu laufen? War es schwierig / einfach?
Welche Sinne hast du bewusster eingesetzt?

WAHRNEHMUNG

Schüler*innen

eine Klasse

Material

–

Raum

Klassenzimmer, Stuhlkreis

Zeit

ca. 10 Minuten

Hand auflegen

Die Schüler*innen gehen zu viert zusammen. Eine*r von ihnen dreht sich mit dem Rücken zu den anderen dreien.
Die drei Kinder oder Jugendlichen müssen nun lautlos kommunizieren, wie viele Hände dem*der einzelnen Schüler*in aufgelegt werden sollen. Die „Tabu"-Zone sollte vorab besprochen werden. Die Hände werden nun auf den Rücken gelegt und der*die einzelne Schüler*in muss erraten, wie viele Hände es sind. Danach werden die Hände nacheinander weggenommen, damit er*sie nachzählen kann, wie viele es tatsächlich waren. Anschließend werden die Rollen getauscht.

Variation

☞ Größerer Kreis

Reflexion

Beschreibe das Gefühl, als dir die Hände aufgelegt wurden.
Wie war es, als du deine Hände aufgelegt hast?

WAHRNEHMUNG

Schüler*innen

eine Klasse

Material

Steine

Raum

Outdoor, Sitzkreis

Zeit

ca. 5 Minuten

Steingefühl

Jede*r Schüler*in sucht sich einen Stein aus (aus einer Kiste oder z. B. am Flussufer). Er*Sie betrachtet ihn genau und „erfühlt" ihn. Danach werden Gruppen von ca. 10 Schüler*innen gebildet. Diese setzen sich in einen Kreis und schließen die Augen. Auf Kommando werden die Steine an ein anderes Gruppenmitglied weitergegeben. Wenn ein*e Schüler*in meint, seinen*ihren Stein in einer der folgenden Runden gefunden zu haben, behält er*sie ihn.

Reflexion

Steine werden unter ein Tuch gelegt und vermischt. Die Schüler*innen müssen nun durch Erfühlen ihren Stein finden.

WAHRNEHMUNG

Schüler*innen

eine Klasse

Material

–

Raum

Klassenzimmer, Outdoor

Zeit

ca. 15 Minuten

Marionette

Ein*e Schüler*in führt eine*n Partner*in wie eine Marionette an zwei gedachten Fäden, zuerst an den Armen, dann an den Beinen. Danach werden die Rollen getauscht.

Variation

☞ Zu dritt: Ein*e Schüler*in wird von zwei Mitschüler*innen gesteuert.

Reflexion

Wie war es für dich, von einer anderen Person gesteuert zu werden?

WAHRNEHMUNG

Schüler*innen

eine Klasse

Material

evtl. Augenbinden

Raum

Klassenzimmer, Turnhalle

Zeit

ca. 15 Minuten

Eine*r ist weg!

1. Runde: Die Schüler*innen laufen / gehen blind durch den Raum. Zur Ablenkung kann Musik gespielt werden. Die Lehrkraft tippt eine*n Schüler*in an, der*die sich nicht sichtbar (z. B. unter einer Decke, hinter einem Schrank oder Kasten) versteckt. Nun machen alle die Augen auf. Die Gruppe berät, wer fehlt.
2. Runde: Die Schüler*innen sind auf Kommando eingefroren und dürfen nur geradeaus schauen. Nun wird beraten, wer fehlt.
3. Runde: Bei Stopp bleiben die Schüler*innen weiterhin blind. Nun kann nur verbal kommuniziert werden, wer fehlt.

Reflexion

In welcher Runde musstet ihr welche Strategie anwenden?

WAHRNEHMUNG

Schüler*innen

eine Klasse

Material

–

Raum

Klassenzimmer, Stuhlkreis

Zeit

ca. 10 Minuten

Jede*r nur einmal!

Die Klasse bekommt die Aufgabe, von der Zahl ihrer Klassengröße bis 1 laut herunterzuzählen, wobei jede*r Schüler*in nur eine Zahl nennen darf. Wird eine Zahl gleichzeitig von mehreren Schüler*innen genannt, beginnt die Gruppe wieder von vorne.

Variation

☞ Mit geschlossenen Augen

WAHRNEHMUNG

Reflexion

Welche Strategie hattet ihr?

Schüler*innen

eine Klasse

Material

–

Raum

Klassenzimmer

Zeit

ca. 5 Minuten

Zeig dein Gefühl!

ängstlich, unsicher

Zwei Schüler*innen stehen sich gegenüber. Schüler*in 1 stellt mit Gesten ein Gefühl dar, Schüler*in 2 versucht das Gefühl zu erraten. Dann werden die Rollen getauscht.

Variation

☞ Anfangs können beispielhafte Gefühle genannt werden (fröhlich, traurig …).

☞ Das Gesicht darf bei den Gesten nicht mit einbezogen werden.

WAHRNEHMUNG

Reflexion

Nenne die Merkmale, an denen du die Gefühle gut erkennen konntest.
Worauf hast du geachtet? Was war beim Erkennen wichtiger, Gesicht oder Körper? Wie hast du dich gefühlt, als du ein „negatives"/„positives" Gefühl dargestellt hast?

Da hat sich doch etwas geändert

Schüler*innen

eine Klasse 

Material

– 

Raum

Klassenzimmer 

Zeit

ca. 15 Minuten 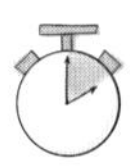

Die Schüler*innen gehen zu zweit zusammen. Sie stehen im Abstand von ca. 3 Metern auseinander und betrachten sich ca. 1 Minute, ohne zu reden. Dann drehen sich beide Schüler*innen um. Schüler*in 1 schließt die Augen. Schüler*in 2 verändert drei sichtbare Merkmale (z. B. Ärmel hochkrempeln, Brille abnehmen, Kette ausziehen) an sich. Nun drehen sich beide Schüler*innen um, Schüler*in 1 macht die Augen auf und muss die drei veränderten Merkmale finden.

Variation

☞ Mehr Merkmale verändern.

Reflexion

Welche Strategie hast du angewandt? Worauf achtest du bei anderen Menschen? Wie wichtig ist das Aussehen von Menschen?

WAHRNEHMUNG

Check

Schüler*innen

eine Klasse 

Material

– 

Raum

Klassenzimmer 

Zeit

ca. 5 Minuten 

Die Schüler*innen bewegen sich zu Musik im Klassenzimmer. Bei Musikstopp gibt die Lehrkraft vor, mit welchem Begrüßungsritual in der nächsten Runde der*die entgegenkommende Schüler*in begrüßt wird. Beispielhafte Reihenfolge:

- Nur „Hallo" sagen
- Schulter an Schulter
- Faust auf Faust
- „High five"

Reflexion

Welche Begrüßung hat dir am besten gefallen?

WAHRNEHMUNG

Schüler*innen

eine Klasse

Material

–

Raum

Outdoor, Turnhalle

Zeit

ca. 20 Minuten

Am Boden

Die eine Hälfte der Klasse liegt auf dem Bauch am Boden. Die Jungen und Mädchen haben dabei Augenbinden auf und legen je ein Ohr auf den Boden.
Die andere Hälfte der Klasse läuft, evtl. zu Musik, durch die Halle. Sie berühren die liegenden Schüler*innen nicht, variieren aber den Abstand zu ihnen beim Laufen.

Variation

☞ Springen auf einem Bein

Reflexion

Hattest du Angst, als du am Boden gelegen bist? (Wie) hast du bemerkt, dass jemand in deiner Nähe ist?

WAHRNEHMUNG

Schüler*innen

eine Klasse

Material

Konservendose, Murmel

Raum

Outdoor, Turnhalle

Zeit

ca. 20 Minuten

Wanderdose

Es werden Gruppen aus 10 bis 12 Schüler*innen gebildet. Sie stehen im Kreis. Ein*e Schüler*in mit verbundenen Augen steht in der Mitte des Kreises. Die Schüler*innen rundherum reichen nun eine Konservendose mit einer Murmel darin von Schüler*in zu Schüler*in. Dabei versuchen sie, kein Geräusch zu machen. Auf ein Signal der Lehrkraft versucht der*die Schüler*in in der Mitte, zu erraten, wo die Dose mit der Murmel sich gerade befindet.

Variation

☞ mit Richtungswechsel

Reflexion

Was hat dir geholfen, die Dose zu lokalisieren?

WAHRNEHMUNG

Kommunikationsübungen

Schüler*innen

eine Klasse

Material

Tangram-Spiel,
Tangram-Vorlage

Raum

Klassenzimmer,
Stuhlkreis

Zeit

ca. 5 Minuten

Tangram

Die Schüler*innen sitzen Rücken an Rücken. Schüler*in 1 hat eine Vorlagen-Figur in der Hand, Schüler*in 2 hat Tangram-Einzelteile in der Hand. Nun muss Schüler*in 1 erklären, wie die Figur aussieht, und Schüler*in 2 muss sie legen. Beide Schüler*innen dürfen sich dabei nicht ansehen. Danach wird verglichen und die Rollen werden getauscht.

Variation

☞ zu dritt (zwei erklären, eine*r legt)
☞ zu dritt (eine*r erklärt, zwei legen)

Reflexion

Erläutere, was zum Erfolg führte. An welche Situation in der Schule erinnert dich das?

KOMMUNIKATION

Schüler*innen

eine Klasse

Material

2 Leibchen

Raum

Klassenzimmer / Turnhalle

Zeit

ca. 10 Minuten

Außen vor

Zwei Schüler*innen werden als Außenseiter*innen von der Lehrkraft gekennzeichnet (z. B. mit Leibchen). Alle Schüler*innen gehen herum und geben sich die Hand, stoßen Faust an Faust, machen den „High Five", umarmen sich etc. Nur die Außenseiter*innen werden gemieden. Falls sie Kontaktversuche starten, werden diese abgeblockt. Dann werden die Rollen getauscht.

*Es empfiehlt sich, als erste Außenseiter*innen Schüler*innen auszuwählen, die gut in die Klasse integriert sind.*

Variation

☞ nur ein*e Außenseiter*in

☞ kleine Gruppe von Außenseiter*innen

KOMMUNIKATION

Reflexion

Wie war es als Außenseiter*in? Wie war es, nicht wahrgenommen zu werden?

Schüler*innen

eine Klasse

Material

–

Raum

Klassenzimmer

Zeit

ca. 5 Minuten

Gefühlspost

Hier wird das Prinzip der „Stillen Post" verwendet.
5–6 Schüler*innen stellen sich hintereinander auf. Schüler*in 1 sucht sich ein Gefühl aus und tippt Schüler*in 2 in der Reihe an, sodass diese*r sich umdreht. Nun stellt Schüler*in 1 das Gefühl pantomimisch dar. Schüler*in 2 versucht das Gefühl zu erraten (ohne zu sprechen), dreht sich danach selbst um, tippt Schüler*in 3 an und stellt das (vermeintliche) Gefühl dar. Das geht so weiter, bis der*die letzte Schüler*in in der Reihe erreicht ist. Diese*r verbalisiert das Gefühl und Schüler*in 1 bejaht oder verneint die Vermutung. Falls sie nicht stimmt, rät die Gruppe gemeinsam. Dann wird die Reihenfolge für einen neuen Durchgang gemischt.

WAHRNEHMUNG

Reflexion

War es einfach oder schwierig, ein Gefühl darzustellen? Wann benötigen wir im Alltag Körpersprache? Hast du auch schon einmal erlebt, dass du etwas weitergegeben hast und es ganz anders interpretiert wurde?

Blinder Knoten

WAHRNEHMUNG

Schüler*innen

eine Klasse

Material

Schnüre (ca. 30 cm) in Klassenstärke

Raum

Klassenzimmer

Zeit

ca. 10 Minuten

Die Schüler*innen sitzen Rücken an Rücken. Schüler*in 1 bindet mit einer Schnur einen Knoten, Schüler*in 2 bekommt eine Schnur ohne Knoten.

Schüler*in 1 muss nun Schüler*in 2 den eigenen Knoten erklären, sodass diese*r ihn nachmachen kann.
Danach wird verglichen und die Rollen werden getauscht.

Variation

- Der Knoten von Schüler*in 1 darf nicht aufgemacht werden.
- Schüler*in 2 darf nicht nachfragen.

Reflexion

Warum hat es so gut funktioniert? Welche unterschiedlichen Herangehensweisen hattet ihr?

Stift-Kommunikation

KOMMUNIKATION

Schüler*innen

eine Klasse

Material

Stifte

Raum

Klassenzimmer

Zeit

ca. 10 Minuten

Jede*r Schüler*in hat einen Stift im Mund. Damit laufen alle Schüler*innen durch den Raum. Treffen sich zwei Kinder, erläutert das eine dem anderen mit dem Stift im Mund, welche Themen seiner Meinung nach diese Woche im Unterricht zu kurz gekommen sind. Der*Die andere Schüler*in schlägt vor, wie dies nächste Woche geändert werden könnte. Nun werden die Rollen getauscht. Anschließend gehen die Schüler*innen weiter und machen dies mit mindestens zwei weiteren Partner*innen.

Reflexion

Wart ihr euch einig bezüglich der Themen?

Nein!

Schüler*innen

eine Klasse

Material

–

Raum

Klassenzimmer

Zeit

ca. 5 Minuten

Es werden Gruppen aus 5 bis 8 Schüler*innen gebildet. Eine*r von ihnen soll überredet werden, etwas zu tun (Beispiele s. u.). Die Lehrkraft bereitet den*die Schüler*in darauf kurz vor, damit er*sie sich eine Argumentation zurechtlegen kann. Die anderen Schüler*innen versuchen ihn*sie dann davon zu überzeugen, dass er*sie es doch tun soll. Das Kind besteht auf seinem Nein, bis die Gruppe es akzeptiert. Wichtig ist dabei, dass die Ablehnung nicht personenbezogen ist. Dann werden die Rollen gewechselt.

Mögliche Fragen sind z. B.:
Wollen wir zusammen zum Fußballplatz gehen?
Kannst du mir dein Fahrrad leihen?
Willst du mit mir Schule schwänzen?

Reflexion

Wie schwer ist es dir gefallen, bei deinem „Nein“ zu bleiben? Was hat dir geholfen?

KOMMUNIKATION

Positiv

Schüler*innen

eine Klasse

Material

Augenbinden

Raum

Klassenzimmer, Outdoor

Zeit

ca. 15 Minuten

Zwei Schüler*innen gehen außer Hörweite. Der Rest der Klasse legt fest, wohin diese beiden Schüler*innen sich bewegen sollen. Nun kommen die zwei Schüler*innen wieder dazu und ihnen werden die Augen verbunden. Die Klasse steuert die zwei mit Negativ-Sätzen („Geht nicht nach rechts“ usw.) zum festgelegten Ziel.
Nach diesem Durchgang wird ein neues Ziel wieder geheim vereinbart. Jetzt erfolgt die Steuerung aber mit Positiv-Sätzen.

Reflexion

Welcher Durchgang war schwieriger? Welche Negativ-Sätze hindern dich im Alltag daran, ans Ziel zu kommen?

KOMMUNIKATION

Hut ab!

Schüler*innen

eine Klasse

Material

–

Raum

Klassenzimmer

Zeit

ca. 10 Minuten

Alle Schüler*innen gehen durch den Raum. Wenn sich zwei von ihnen treffen, macht Schüler*in 1 Schüler*in 2 ein Kompliment. Schüler*in 2 fragt nach, wie das Kompliment gemeint ist bzw. versichert sich, ob er*sie das Kompliment richtig verstanden hat. Anschließend bedankt er*sie sich ohne weiteren Kommentar. Dann werden die Rollen getauscht. Anschließend gehen beide weiter und suchen sich neue Partner*innen.

Reflexion

Wie gehst du mit Komplimenten um? Wie erkennst du ernst gemeinte Komplimente? Wem könntest du im Alltag mal wieder ein Kompliment machen?

KOMMUNIKATION

Blinde Mathematiker*innen

Schüler*innen

eine Klasse

Material

Seil,
Augenbinden

Raum

Klassenzimmer

Zeit

ca. 10 Minuten

Eine Gruppe aus 5–8 Schüler*innen bekommt die Augen verbunden. Sie halten ein zum Kreis gebundenes Seil in den Händen. Nun müssen sie ein gleichschenkliges Dreieck mit dem Seil bilden. Die Hände müssen dabei immer am Seil bleiben.

Variation

☞ Statt Dreieck wird ein Rechteck, Trapez … gebildet.

Reflexion

Wie habt ihr kommuniziert? Was ist euch schwergefallen? Habt ihr alle auf einmal geredet?

KOMMUNIKATION

Vertrauensübungen

Schüler*innen

eine Klasse

Material

–

Raum

Outdoor/Turnhalle

Zeit

ca. 10 Minuten

Pendel

Die Schüler*innen gehen zu dritt zusammen. Ein*e Schüler*in steht in der Mitte, die beiden anderen stehen in ca. 1 Meter Abstand zu ihm*ihr. Der*Die Schüler*in spannt den kompletten Körper an und lässt sich nach vorne fallen. Der*Die andere Schüler*in fängt ihn*sie an den Schultern auf und stößt ihn*sie vorsichtig zum*zur dritten Schüler*in. Diese*r fängt ihn*sie auf und stößt ihn*sie wieder zurück. Der*Die Schüler*in in der Mitte pendelt also hin und her. Anschließend werden die Rollen gewechselt.

Variation

- Mit geschlossenen Augen
- Im Kreis: ein*e Schüler*in in der Mitte, 10 Schüler*innen im Kreis
- Zu zweit: ein*e Schüler*in fängt hinten, vorne ist die Wand

Reflexion

Wie hat es sich angefühlt, dich nach vorne/hinten fallen zu lassen? Welche Bedenken hattest du? Wie war es, deine*n Mitschüler*in aufzufangen?

VERTRAUEN

Vertrauenskreis

Schüler*innen
eine Klasse (gerade Anzahl an Schüler*innen)

Material
–

Raum
Klassenzimmer, besser Outdoor

Zeit
ca. 5 Minuten

Die Schüler*innen stehen im Kreis und schauen nach innen. Sie fassen sich an den Händen, in der Handgelenksfassung. Nun wird auf 1-2-1-2 durchgezählt.
Beim Kommando der Lehrkraft spannen alle Schüler*innen ihre Körper an, die „1er" lehnen sich langsam nach vorne und die „2er" nach hinten. Kein*e Schüler*in sollte so im Gleichgewicht sein. Der Kreis wird kurz gehalten.

Variation
☞ Mit geschlossenen Augen

Reflexion Hast du dich sicher gefühlt? Warum hat der Kreis gehalten?

VERTRAUEN

Blinder Steuermann

Schüler*innen
eine Klasse

Material
Augenklappen

Raum
Outdoor / Klassenzimmer

Zeit
ca. 5 Minuten

Die Schüler*innen gehen zu zweit zusammen. Eine*r von ihnen ist durch eine Augenklappe „blind". Der*Die andere Schüler*in steht hinter ihm*ihr. Der*Die vordere Schüler*in geht nun durch den Raum und darf lediglich mit Berührungen (z.B. links gehen: auf linke Schulter klopfen; rechts gehen: rechte Schulter; anhalten: auf beide Schultern klopfen) gesteuert werden.
Die Kommandos machen die Paare selbst aus. Ein verbales Notkommando zum sofortigen Stopp wird vereinbart. Dann werden die Rollen getauscht.

Variation
☞ Kommandos werden vorgegeben

Reflexion Wie war es, von einer anderen Person gesteuert zu werden?

VERTRAUEN

Schüler*innen

eine Klasse

Material

Augenbinden

Raum

Turnhalle, Outdoor

Zeit

ca. 20 Minuten

Raupe

Maximal 8–10 Schüler*innen stellen sich hintereinander mit Schulterfassung auf und bilden so eine Raupe. Alle bis auf den*die hinterste*n Schüler*in haben Augenbinden auf. Er*Sie muss die Raupe lenken. Vorher werden die Klopfzeichen ausgemacht (z. B. rechte Schulter: nach rechts gehen, linke Schulter: nach links gehen, beide Schultern: vorwärts, beide Schultern zweimal: anhalten). Ziel ist es, die Raupe über eine bestimmte Strecke zu führen. Dann werden die Rollen getauscht.

Variation

☞ Zwei Mannschaften laufen gegeneinander.

Reflexion

Wie hast du dich als „Lenker*in" gefühlt?
Wie war es, gelenkt zu werden?

VERTRAUEN

Schüler*innen

eine Klasse

Material

–

Raum

Klassenzimmer, Outdoor

Zeit

ca. 5 Minuten

An der Nase

Die Schüler*innen gehen zu zweit zusammen. Schüler*in 1 hält den Zeigefinger etwa 5 Zentimeter vor die Nase von Schüler*in 2. Diese*r schielt nun auf den Zeigefinger und kann die Umwelt nur eingeschränkt wahrnehmen. Nun führt Schüler*in 1 Schüler*in 2 am Zeigefinger (der Abstand bleibt immer gleich) durch den Raum bzw. durch die Natur. Dann werden die Rollen gewechselt.

Variation

☞ Rückwärts gehen

Reflexion

Wie war es, nur noch wenig zu sehen? Hast du deinem*deiner Partner*in vertraut? Wie war es, Vertrauen geschenkt zu bekommen?

VERTRAUEN

Wo bist du?

Schüler*innen

eine Klasse

Material

Augenbinden

Raum

Outdoor/Turnhalle

Zeit

ca. 5 Minuten

Die Schüler*innen gehen zu zweit zusammen. Nun legen sie Augenbinden an und die Lehrkraft verteilt die Schüler*innen in der Turnhalle bzw. auf einer Wiese. Nach einem Signal der Lehrkraft müssen sich die Paare wiederfinden, ohne miteinander zu reden.

Variation

- ☞ Individuelle Laute zur Wiedererkennung können vorab vereinbart werden.
- ☞ Nur die Hälfte der Klasse sucht sich, die andere Hälfte „überwacht" die Sicherheit.

Reflexion

Wie hat es sich angefühlt, komplett orientierungslos zu sein? Wie habt ihr euch gefunden?

VERTRAUEN

Blinder Baum

Schüler*innen

eine Klasse

Material

Augenbinden

Raum

Outdoor, Wald

Zeit

ca. 5 Minuten

Die Schüler*innen gehen zu zweit zusammen. Schüler*in 1 ist blind, Schüler*in 2 führt ihn*sie zu einem bestimmten Baum. Nun ertastet Schüler*in 1 den Baum. Anschließend wird er*sie von Schüler*in 2 wieder zurück an den Ausgangspunkt geführt. Dort wird Schüler*in 1 die Augenbinde abgenommen und er*sie muss „den eigenen" Baum wiederfinden.

Variation

- ☞ Vor dem Losgehen Schüler*in 1 mehrmals drehen.

Reflexion

Wie hat es sich angefühlt, einen Baum zu ertasten? Woran hast du deinen Baum erkannt?

VERTRAUEN

Mut-Übungen

Schüler*innen

eine Klasse 

Material

Seil 

Raum

Outdoor, Turnhalle 

Zeit

ca. 15 Minuten 

Seilschwung

Zwei Schüler*innen schwingen ein langes Seil (ca. 5 m). Aufgabe der Gruppe ist es nun, einzeln das schwingende Seil zu passieren, ohne dieses zu berühren. Dabei ist zu beachten, dass die komplette Gruppe von vorne beginnen muss, falls ein Mitglied das Seil nicht ohne Berührung überwinden konnte. Erst wenn die ganze Gruppe nacheinander das rotierende Seil passiert hat, gilt die Aufgabe als gelöst.

Variation

☞ Schwingfrequenz erhöhen
☞ 4 Schüler*innen bekommen Augenbinden aufgesetzt

Reflexion

Hattest du vor dem Seil Angst? Welche Strategie hattet ihr, um ohne Berührung die Übung zu bewältigen?

MUT

Schüler*innen

eine Klasse

Material

Tau, Klettergurt, vier Seile, evtl. Matten

Raum

Outdoor, Turnhalle

Zeit

ca. 20 Minuten

Balanceakt

Es werden Fünfer-Gruppen gebildet.
Ein Tau wird auf die Wiese gelegt. Ein*e Schüler*in zieht den Klettergurt, an dem vier Seile befestigt sind, an. Der Rest der Gruppe hilft dem*der Schüler*in beim Balancieren über das Tau. Die Lösung wird zuerst der Lehrkraft vorgestellt und diese prüft sie bzgl. der Sicherheitsvorkehrungen. Erst dann wird angefangen.

Variation

☞ Mit geschlossenen Augen.

☞ Kein Zwang!

Reflexion Was hat dir geholfen, in der Balance zu bleiben?

MUT

Übungen für die Strategie

Schüler*innen

eine Klasse

Material

Getränke-
untersetzer

Raum

Turnhalle, Outdoor

Zeit

ca. 20 Minuten

Hundewiese

Eine begrenzte „Hundewiese“ wird mit gleichmäßig verteilten Getränkeuntersetzern (Hundehaufen) bestückt. Ein*e Schüler*in wird mit verbundenen Augen barfuß von der restlichen Gruppe durch die Hundewiese gelotst, ohne dass er*sie einen Getränkeuntersetzer berührt.

Variation

☞ Ohne Sprechen.
☞ Zwei Mannschaften treten gegeneinander an.

Reflexion

Wie war es, blind durch die Hundewiese zu laufen?
Welche Strategie hattet ihr?

STRATEGIE

Abwärts!

Schüler*innen

eine Klasse

Material

Zollstock / Hochsprunglatte

Raum

Klassenzimmer

Zeit

ca. 10 Minuten

Alle Schüler*innen stehen in Gassenaufstellung und halten ihre Arme gestreckt nach vorne. Mit den Fingerkuppen halten sie einen Zollstock o. Ä. und haben den Auftrag, ihn zu Boden zu lassen. Niemand darf seine Finger vom Stab nehmen. Die Finger dürfen auch nicht zum Fixieren des Stabes benutzt werden.

Variation

☞ blind

Reflexion Wie habt ihr es geschafft, den Stab nach unten zu bewegen?

STRATEGIE

Stabfaller

Schüler*innen

eine Klasse

Material

Gymnastikstäbe

Raum

Klassenzimmer, Turnhalle

Zeit

ca. 10 Minuten

Alle Schüler*innen stehen im Kreis. Die jeweils linke Hand ist auf dem Rücken. Alle Schüler*innen haben einen Gymnastikstab oder Ähnliches vor sich und drücken diesen mit der rechten Handunterseite auf den Boden. Sie müssen sich einmal reihum bewegen, ohne dass die Stäbe umfallen. Es muss eine komplette Umrundung geschafft werden.

Variation

☞ Statt Stäben Stühle verwenden.

Reflexion Welche Fähigkeiten habt ihr besonders benötigt?

STRATEGIE

Schüler*innen

eine Klasse 

Material

– 

Raum

Klassenzimmer, Outdoor 

Zeit

ca. 10 Minuten 

Märchen knobeln

Das Spielprinzip ähnelt dem Spiel „Schnick-Schnack-Schnuck“: Die Klasse wird in zwei Teams aufgeteilt, die gegeneinander antreten. Statt Schere, Papier und Stein gibt es hier folgende Figuren, die sich ausstechen:

Samurai: Die Schüler*innen machen einen Ausfallschritt nach vorne, die Hände halten dabei ein imaginäres Schwert nach vorne gerichtet. Gleichzeitig wird ein Kampfschrei ausgeführt.
Löwe: Die Schüler*innen stehen zum Sprung bereit mit aufgerissenem Mund, Arme erhoben und Hände zu Pfoten geformt, und brüllen furchterregend.
Prinzessin: Die Schüler*innen schweben ohne Worte leise mit Pirouetten über den Boden.

Die Regeln sind folgende: Der Samurai „köpft“ den Löwen, der Löwe „frisst“ die Prinzessin und die Prinzessin „betört“ den Samurai.
Zuerst beraten die beiden Gruppen untereinander, welche Figur sie gemeinsam darstellen. Dann stellen sich die Gruppen gegenüber auf und machen nach einem Signal ihre Figur. Die Gewinner*innen bekommen einen Punkt. Anschließend beraten sich die Gruppen wieder und treten erneut gegeneinander an. Gewonnen hat die Gruppe, die zuerst drei Punkte hat.

Variation

☞ Neue Figuren ausdenken

Reflexion Mit welcher Strategie habt ihr gewonnen?

STRATEGIE

Taschenrechner

Schüler*innen	eine Klasse
Material	Kreppband
Raum	Klassenzimmer, Turnhalle
Zeit	ca. 10 Minuten

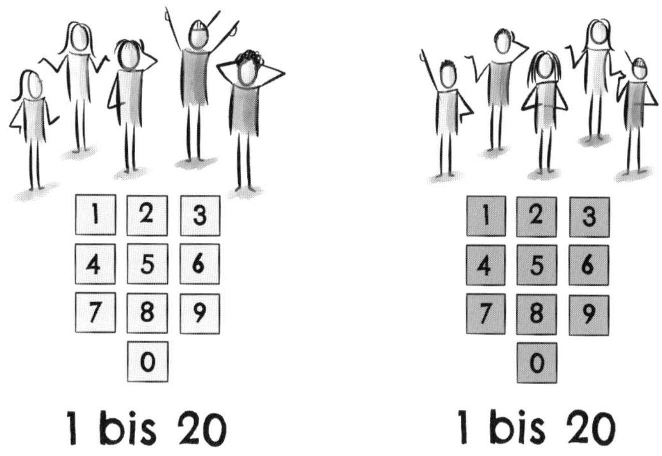

Mit Kreppklebeband werden die Zahlen von 0 bis 9 auf den Boden analog zu einem Tastenfeld aufgeklebt. Aufgabe ist es nun, möglichst schnell die Zahlen von 1 bis 20 auf der „Boden-Tastatur" zu tippen.

Variation

☞ In zwei Gruppen als Wettkampf

Reflexion Welche Strategie habt ihr angewandt?

STRATEGIE

Brücke

Schüler*innen	eine Klasse
Material	Klebestreifen
Raum	Klassenzimmer, Turnhalle, Outdoor
Zeit	ca. 5 Minuten

Die Klasse bekommt einen Klebestreifen.
Es wird eine Grenze aufgezeichnet. Das ist das Ufer. Nun müssen die Schüler*innen den Klebestreifen möglichst weit hinter dem Ufer im See anbringen, ohne dabei „nass" zu werden.
Es dürfen keine Hilfsmittel verwendet werden.

Variation

☞ In zwei Gruppen als Wettkampf

Reflexion Wie seid ihr zu eurer Lösung gekommen?
Welche Aufgabe hatten die einzelnen Gruppenmitglieder?

STRATEGIE

Die verfaulte Insel

Schüler*innen

eine Klasse

Material

Tuch

Raum

Klassenzimmer, Outdoor

Zeit

ca. 15 Minuten

Auf dem Boden liegt ein Tuch (möglichst mit zwei unterschiedlichen Farben auf Vorder- und Rückseite) ausgebreitet. Das Tuch stellt eine Insel dar, auf die sich die Schiffbrüchigen gerettet haben. Die Insel droht von unten zu verfaulen und muss deswegen umgedreht werden. Dabei darf kein*e Schüler*in das Tuch verlassen.
Achtung bei Schüler*innen, die aus ihrer Heimat fliehen mussten! Hier sollte die Aufgabe nur lauten, das Tuch umzudrehen, ohne den Boden zu berühren.

Variation

☞ Wer Bodenkontakt hat, verliert sein Bein durch einen Haifisch, d.h., er muss auf einem Bein stehen.

☞ Bei großen Klassen in zwei Gruppen teilen (eine beobachtet, eine agiert).

Reflexion

Wie seid ihr zu eurer Lösung gekommen?
Was würdet ihr beim nächsten Mal anders machen?

STRATEGIE

Handknoten

Schüler*innen

eine Klasse

Material

–

Raum

Klassenzimmer, Stuhlkreis

Zeit

ca. 10 Minuten

Alle Schüler*innen stehen im Kreis. Nun gehen sie mit geschlossenen Augen und ausgestreckten Armen in die Mitte. Dort sucht sich jede Hand eine andere Hand und hält diese gut fest. Anschließend werden die Augen geöffnet. Der entstandene „Arm-Knoten“ muss entwirrt werden, sodass eine Menschenkette entsteht. Dabei dürfen die Hände nicht losgelassen werden.

Variation

☞ blind

☞ ohne zu reden

Reflexion

Wie war es, die ganze Zeit die Hände einer anderen Person festzuhalten? Welche Strategie hattet ihr?

STRATEGIE

STRATEGIE

Schüler*innen	
eine Klasse	
Material	
Teppichfliesen, Seile	
Raum	
Outdoor	
Zeit	
ca. 20 Minuten	

Über den See

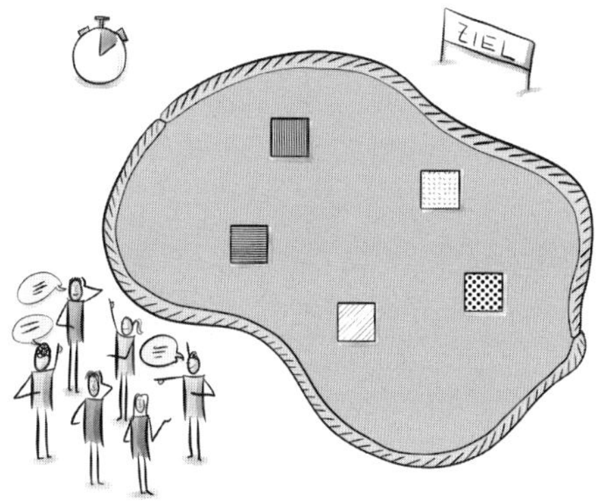

Mit Seilen wird ein See ausgelegt. Die Schüler*innen bekommen schwimmende Inseln (Teppichfliesen; wesentlich weniger als Schüler*innen). Nun gilt es, den See zu überqueren. Wenn ein*e Schüler*in ins Wasser tappt, wird eine Teppichfliese weggenommen. Die Schüler*innen bekommen anfangs eine Beratungszeit von ca. 5 Minuten.

Variation

☞ Zwei Schüler*innen sind „blind".

Reflexion

Wie seid ihr zu eurer Lösung gekommen?
Wer hat welche Rolle übernommen?

STRATEGIE

Schüler*innen	
eine Klasse	
Material	
Seil	
Raum	
Outdoor, Turnhalle	
Zeit	
ca. 15 Minuten	

Das Haus vom Nikolaus

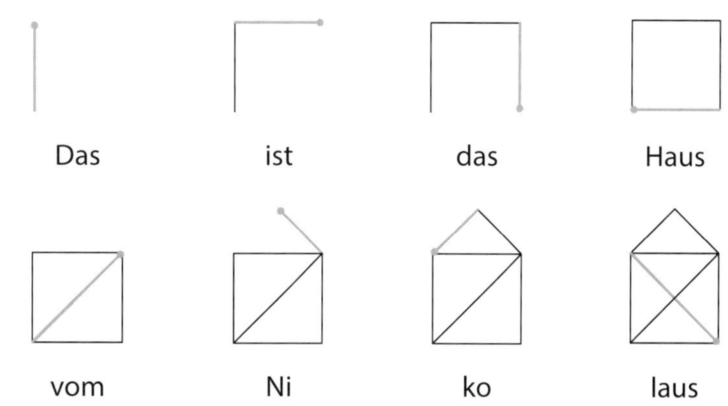

Alle Schüler*innen stellen sich in einer Reihe auf und halten ein Seil in der Hand. Ihre Position dürfen sie nicht mehr verlassen. Nun müssen sie mit dem Seil das „Haus vom Nikolaus" nachbilden. Die Schüler*innen bekommen anfangs eine Beratungszeit von ca. 5 Minuten.

Variation

☞ Mit geschlossenen Augen

Reflexion

Wie seid ihr zu eurer Lösung gekommen?
Wer hat welche Rolle übernommen?

Der Schatz im See

Schüler*innen

eine Klasse

Material

Kletterseil, Klettergurt, Helm, Seil, Brett, Schatz

Raum

Zeit

ca. 5 Minuten

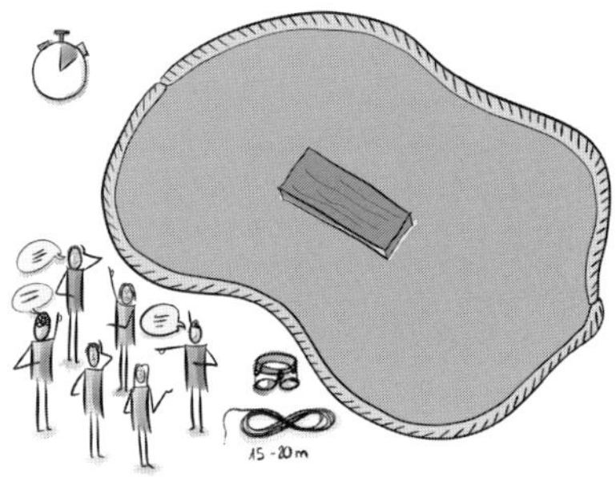

Mit einem Seil wird ein See auf den Boden gelegt. In dem See liegt auf einer Insel (Brett o. Ä.) ein Schatz. Aufgabe ist es nun, diesen Schatz zu bergen. Dabei darf der See nicht betreten oder berührt werden. Als Hilfsmittel erhalten die Schüler*innen einen Klettergurt, ein ca. 15–20 m langes Kletterseil und einen Helm. Die Schüler*innen bekommen anfangs eine Beratungszeit von ca. 5 Minuten. Die Lösung wird der Lehrkraft vorgestellt und diese prüft sie bezüglich der Sicherheitsvorkehrungen. Erst dann wird angefangen.

Variation

☞ Ein Teil der Schüler*innen muss mit verbundenen Augen agieren.

Reflexion

Wie seid ihr zu eurer Lösung gekommen?
Wer hat welche Rolle übernommen?

STRATEGIE

Eierflug

Schüler*innen

eine Klasse

Material

Pakete

Raum

Outdoor, Turnhalle

Zeit

ca. 35 Minuten

Die Schüler*innen werden in Fünfer-Gruppen aufgeteilt. Jede Gruppe bekommt ein Paket (s. u.). Aufgabe ist es nun, aus den Bestandteilen des Pakets etwas so zu bauen, dass das Ei bei einem Wurf aus dem zweiten Stock heil unten ankommt. Nach ca. 20 Minuten präsentieren die Gruppen ihre Lösungen und die Flugobjekte werden fallen gelassen.

Paket: 1 Doppelseite einer Zeitung, 2 Büroklammern, 2 Luftballons, 1 m Schnur, 0,5 m Klebeband, 1 Schere, 1 Bleistift, 1 rohes Ei

Variation

☞ Die Paketzusammenstellung kann variiert werden.

Reflexion

Wie seid ihr auf die Idee gekommen?
Was könntet ihr besser machen?

STRATEGIE

Balltransport

Schüler*innen
eine Klasse

Material
Tennisball

Raum
Outdoor, Turnhalle

Zeit
ca. 10 Minuten

Die Klasse bekommt folgende Aufgabe: „Dieser Tennisball muss innerhalb von x Sekunden (so viele Sekunden wie Schüler*innen) durch alle Hände gegangen sein."
Die Klasse darf sich zwei Minuten beraten. Den Tennisball bekommt sie noch nicht. Wenn sie die vorgegebene Zeit geschafft hat, wird die Zeit halbiert. Das geht so weiter, bis nur noch eine Sekunde Zeit bleibt.

Lösung
Die Schüler*innen formen ihre Hände mit Daumen und Zeigefingern zu einem Kreis. Nun halten alle diese Kreise untereinander, und der*die erste Schüler*in lässt den Ball von oben nach unten hindurchfallen.

Reflexion: Wie seid ihr auf die Lösung gekommen?

STRATEGIE

Feuerlöscher

Schüler*innen
eine Klasse

Material
Seile, Gießkannen mit Wasser, Becher, evtl. Kerzen

Raum
Outdoor, Turnhalle

Zeit
ca. 25 Minuten

Die Klasse wird in Gruppen aus 5 bis 8 Schüler*innen eingeteilt. Mit einem Seil wird ein Sperrgebiet ausgelegt, in das nicht getreten werden darf, da es hier brennt. In diesem Sperrgebiet befinden sich mehrere „brennende" Objekte, die gelöscht werden müssen. Jede Gruppe bekommt eine Gießkanne mit Wasser und Seile als Materialpaket. Die Gießkanne darf nicht berührt werden. Nach ca. 10 Minuten präsentieren die Gruppen ihre Lösungen und wenden sie an.

Variation
- mehr Objekte
- keine Kerzen, sondern in jedem Becher muss gleich viel Wasser sein

Reflexion: Wie seid ihr zu eurer Lösung gekommen?
Wer hat welche Rolle übernommen?

STRATEGIE

Wasserfuß

Schüler*innen

eine Klasse

Material

Eimer, Wasser

Raum

Outdoor, Turnhalle

Zeit

ca. 5 Minuten

Die Klasse wird in Gruppen zu 5 bis 7 Schüler*innen aufgeteilt. Die Schüler*innen legen sich im Kreis eng aneinander, sodass sich die Gesäße berühren. Dann werden die Beine mit Schuhen an den Füßen nach oben gestreckt. Die Lehrkraft setzt nun einen Eimer mit Wasser auf die Schuhsohlen, sodass alle Sohlen den Eimer berühren. Aufgabe ist es nun, dass alle Schüler*innen ihre Schuhe ausziehen. Der Eimer darf nicht abgesetzt werden. Auch darf kein Wasser verschüttet werden.

Variation

☞ Statt Wasser können auch (Tisch)-Tennisbälle in den Eimer gefüllt werden.

Reflexion

Was hast du gelernt? Wie habt ihr zusammengearbeitet?

STRATEGIE

Mutter drehen

Schüler*innen

eine Klasse

Material

1 Gewindestab und passende Muttern

Raum

Outdoor, Turnhalle

Zeit

ca. 5 Minuten

Jede*r Schüler*in bekommt eine Mutter. Aufgabe ist es, alle Muttern nach einem Signal der Lehrkraft über die gesamte Länge des Gewindestabes zu drehen. Jede*r Schüler*in muss seine*ihre Mutter selbst auf den Stab drehen und am Ende in Empfang nehmen. Die Zeit wird gestoppt. Nun erhält die Klasse die Aufgabe, schneller zu werden. Dafür dürfen die Schüler*innen vorher ca. 5 Minuten planen.

Variation

☞ Zwei Schüler*innen haben eine Mutter.

Reflexion

Warum wart ihr beim zweiten Durchgang schneller / langsamer?

STRATEGIE

Reflexionsübungen

Schüler*innen

eine Klasse

Material

–

Raum

Klassenzimmer

Zeit

ca. 5 Minuten

Daumenfeedback

Die Schüler*innen stehen im Kreis. Die Lehrkraft stellt eine Aussage in den Raum. Wenn ein*e Schüler*in dieser Aussage zustimmt, zeigt seine*ihre Faust mit nach oben gerecktem Daumen in die Mitte des Kreises. Wenn er*sie nur teilweise mit dem Inhalt übereinstimmt, so ist der Daumen waagerecht. Der Daumen zeigt Richtung Boden, wenn der*die Schüler*in anderer Meinung ist.

Beispiele:
„Ich habe mich während der Übung XY wohl gefühlt."
„Ich habe mich heute verbessert!"
„Die Zusammenarbeit mit meinen Klassenkamerad*innen hat gut funktioniert".

Variation

☞ Mit geschlossenen Augen, damit ein Vergleichen schwerer fällt.

REFLEXION

Schüler*innen

eine Klasse

Material

Magnettafel, evtl. Klebepunkte

Raum

Klassenzimmer

Zeit

ca. 5 Minuten

Zielscheibe

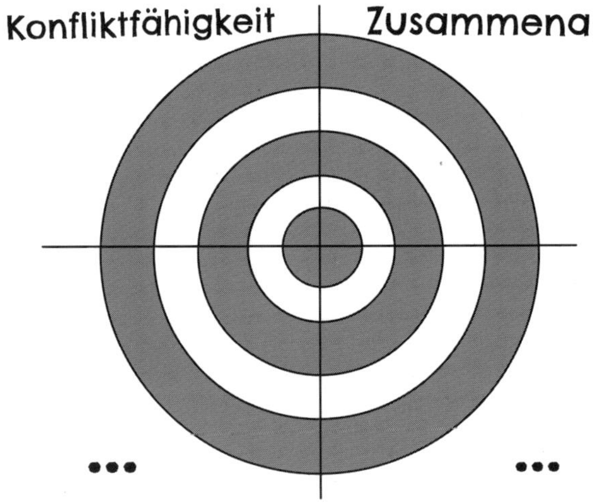

Die Schüler*innen bewerten sich nach verschiedenen Kriterien, indem sie einen Punkt auf die Zielscheibe auf einer Flipchart oder Magnettafel malen oder Klebepunkte einfügen. Kriterien können je nach Schwerpunkt z. B. Zusammenarbeit oder Konfliktfähigkeit sein. Danach wird das Ergebnis besprochen. Dies kann in der nächsten Stunde als Handlungsanlass dienen (→ „Letzte Stunde habt ihr euch so eingeordnet, was hat sich verändert?").

REFLEXION

Schüler*innen

eine Klasse

Material

–

Raum

Klassenzimmer

Zeit

ca. 5 Minuten

Kreisstimmung

Nach der Schulstunde stellen sich die Schüler*innen im Kreis auf. Die Lehrkraft macht eine Aussage. Stimmt ein Kind damit voll überein, so tritt es in die Kreismitte. Ist es gegensätzlicher Meinung, so tritt es entsprechend zurück. Je näher der*die Schüler*in der Kreismitte ist, umso höher ist der Grad seiner*ihrer Zustimmung zur Aussage. Wer möchte, darf mitteilen, weshalb er diese Position eingenommen hat.

REFLEXION

Schüler*innen

eine Klasse

Material

Symbolkarten

Raum

Klassenzimmer

Zeit

ca. 5 Minuten

Wetterbericht

Die Wettersymbole (am besten laminiert) werden auf den Boden gelegt. Die Lehrkraft stellt eine Aussage in den Raum, z. B.: „Heute haben alle Schüler*innen gut zusammengearbeitet“. Die Schüler*innen nehmen sich nach einer Meldung ein Symbol und erläutern das Symbol in Bezug auf die Aussage. Dies wird mit mehreren Aussagen durchgeführt. Die Schüler*innen sollten nicht gezwungen werden, Stellung zu nehmen.

Variation

☞ Die Symbole werden in großem Abstand auf den Boden gelegt. Nach der Aussage der Lehrkraft stellen sich die Schüler*innen zu den Symbolen. Nach Bedarf können sie ihre Einordnung auch verbalisieren.

REFLEXION

Schüler*innen

eine Klasse

Material

Symbole

Raum

Klassenzimmer

Zeit

ca. 5 Minuten

Gewichtheber*innen

Die Lehrkraft hält die Karte mit dem Gewichtheber, der das Gewicht nach oben stemmt, hoch. Die Schüler*innen fangen nun ihre Sätze so an: „Heute habe ich gut gemacht …“, „Mir ist leicht gefallen …“ Diese Aussagen werden nicht von den anderen Schüler*innen kommentiert. Nachdem mehrere Jungen und Mädchen sich geäußert haben, hält die Lehrkraft die Karte mit dem anderen Gewichtheber hoch. Die Schüler*innen beginnen ihre Aussagen mit: „Ich kann mich noch verbessern …“, „Schwer gefallen ist mir …“

REFLEXION

Schüler*innen

eine Klasse

Material

–

Raum

Klassenzimmer

Zeit

ca. 10 Minuten

Das Schiff

Die Lehrkraft erläutert, dass die Klasse ein Schiff ist und dass auf einem Schiff verschiedene Personen arbeiten. Sie moderiert folgenden Satz an: „Wenn unsere Klasse ein Schiff wäre, welche Person wärst du in der Übung und warum?“
Dann überlegt jede*r Schüler*in, was für ein Teil des Schiffs seiner*ihrer Rolle während der Übung am meisten entsprochen hat.

Variation

- ☞ Statt Schiff die Metapher „Auto“ verwenden (Lenkrad, Bremse, Radio, Sitzheizung …)
- ☞ Es können Personen (Kapitän*in, 1. Offizier*in, Smutje, Pianist*in …) vorgegeben werden, um die Reflexion zu erleichtern.

REFLEXION

Schüler*innen

eine Klasse

Material

–

Raum

Klassenzimmer, Stuhlkreis

Zeit

ca. 5 Minuten

Zonenreflexion

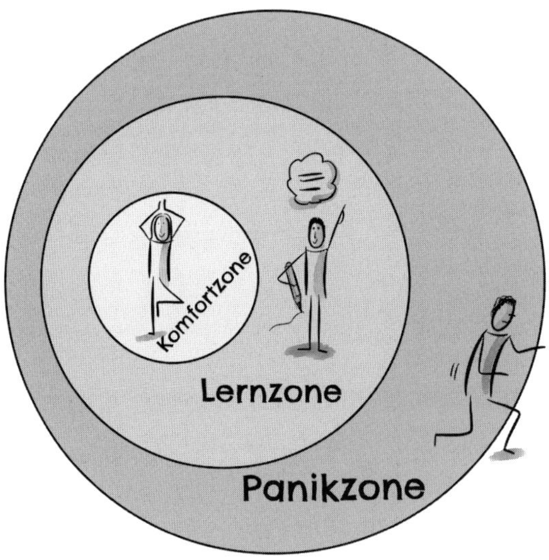

Analog zum Lernzonenmodell (s. S. 6) können sich die Schüler*innen dazu äußern, in welchen Übungsphasen sie sich gefühlt in der Komfort-, Lern- oder Panikzone befunden haben und warum.

Variation

- ☞ Die Zonen können auch mit Seilkreisen am Boden, in denen sich die Schüler*innen aufstellen, verdeutlicht werden.

REFLEXION

Brennendes Blitzlicht

REFLEXION

Schüler*innen
eine Klasse
Material
Streichhölzer
Raum
Outdoor
Zeit
ca. 5 Minuten

Jede*r Schüler*in bekommt ein Streichholz und gibt eine Rückmeldung zu einer Übung. Dabei darf er*sie nur so lange sprechen, wie das Streichholz brennt.
Achtung: Sicherheit beachten! Nur mit älteren Schüler*innen und draußen anwenden.

Seilfeedback

REFLEXION

Schüler*innen
eine Klasse
Material
Seil
Raum
Klassenzimmer
Zeit
ca. 5 Minuten

Es wird ein Seil am Boden ausgelegt. Den Enden des Seils werden die Aussagen „Stimme komplett zu" sowie „Stimme komplett dagegen" zugewiesen. Während die Lehrkraft nun Aussagen zu den gemachten Übungen trifft, stellen sich die Schüler*innen entsprechend ihren Einschätzungen zwischen diesen beiden Enden auf.

Variation

☞ Statt eines Seils kann auch eine Linie, z. B. in der Turnhalle, verwendet werden.

Schüler*innen

eine Klasse

Material

–

Raum

Klassenzimmer

Zeit

ca. 5 Minuten

Positives Paar

Die Schüler*innen gehen zu zweit zusammen. Jede*r überlegt sich, was der*die Partner*in in der Übung gut gemacht hat. In der Klasse werden die positiven Aussagen dann in der Du-Form vorgestellt: „Mir ist aufgefallen, dass du, Tobias, heute sehr gut …"

REFLEXION

Schüler*innen

eine Klasse

Material

Wortkarten,
Wäscheleine,
Wäscheklammern

Raum

Klassenzimmer,
Stuhlkreis

Zeit

ca. 5 Minuten

Abgehangen

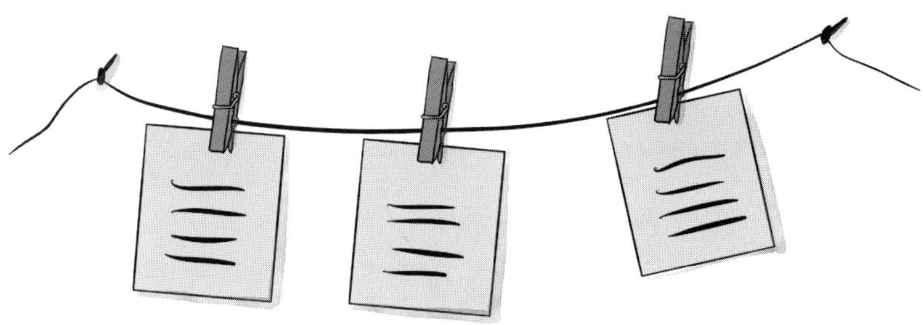

Das ist heute bei mir hängengeblieben!

Die Schüler*innen schreiben auf Wortkarten Antworten zu Reflexionsfragen (z. B. „Das ist heute bei mir hängengelieben") und hängen diese mithilfe von Wäscheklammern auf eine gespannte Wäscheleine. Anschließend können die Schüler*innen die Karten reihum anschauen und vorstellen.

Variation

☞ Ohne Vorstellen

REFLEXION

Ampel

Schüler*innen

eine Klasse

Material

Karteikarten in Klassenstärke in Rot, Grün und Gelb

Raum

Klassenzimmer

Zeit

ca. 5 Minuten

Jede*r Schüler*in bekommt drei Karten (rot, gelb und grün). Die Lehrkraft trifft verschiedene Aussagen, die Jungen und Mädchen heben die entsprechende Karteikarte je nach Zustimmungsgrad. Das Ergebnis wird dann als Gesprächsanlass genommen.

Variation

☞ Beim Heben der Karte werden die Augen geschlossen.

REFLEXION

Leise rieselt der Sand

Schüler*innen

eine Klasse

Material

Eimer mit Sand

Raum

Klassenzimmer, Outdoor

Zeit

ca. 5 Minuten

Die Schüler*innen sitzen im Sitzkreis. In der Mitte steht ein Eimer voll mit Sand. Ein*e Schüler*in geht in die Mitte, nimmt eine Handvoll Sand und lässt ihn langsam durch die Hände in den Eimer rieseln. Das „Riesel-Tempo" kann er*sie steuern. Solange der Sand rieselt, darf zu der Übung reflektiert werden. Dann kommt der*die nächste freiwillige Schüler*in an die Reihe.

Variation

☞ Zu zweit

REFLEXION

Energizer und Entspannungsübungen

Schüler*innen

eine Klasse

Material

–

Raum

Klassenzimmer

Zeit

ca. 2 Minuten

Fingerschnapper

Die Schüler*innen stehen im Kreis. Ein*e Schüler*in hält die rechte Hand flach (Handrücken nach unten), ein*e andere*r drückt von oben mit dem linken Zeigefinger auf die Handfläche. Beide „haben" also eine Handfläche und einen Zeigefinger.
Auf Kommando versucht die Handfläche den Zeigefinger zu schnappen. Dann wird der Zeigefinger zur Handfläche und umgekehrt. Anschließend erfolgt der Handwechsel.

Variation

☞ blind

ENERGIZER

Schüler*innen

eine Klasse

Material

Raum

Klassenzimmer, Stuhlkreis

Zeit

ca. 3 Minuten

Fingerläufer

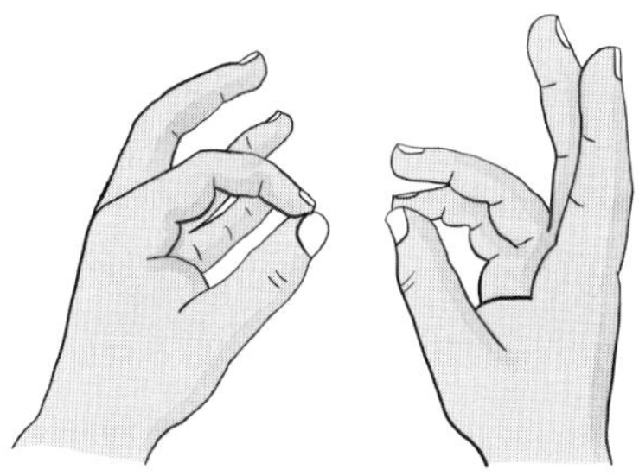

Mit dem linken Zeigefinger den linken Daumen berühren. Nun berühren nacheinander alle Fingerspitzen der linken Hand nacheinander den Daumen der linken Hand, bis die Fingerspitze des linken Daumens und des linken Zeigefingers sich wieder berühren.
Nun berühren sich der rechte kleine Finger und der rechte Daumen. Wieder berühren sich die Fingerspitzen nacheinander, bis der rechte kleine Finger und der rechte Daumen wieder zusammen sind. Nun wird dies gleichzeitig gemacht. Richtig ist es, wenn sich am Ende der linke Daumen und der linke Zeigefinger sowie rechter kleiner Finger und rechter Daumen berühren.

Variation

☞ Mit verschränkten Armen.

ENERGIZER

Schüler*innen

eine Klasse

Material

–

Raum

Klassenzimmer, Stuhlkreis

Zeit

ca. 3 Minuten

Luft-Breze

Die Schüler*innen stellen sich eine sehr große Breze vor, die vor ihnen schwebt. Sie fahren sie mit dem rechten Zeigefinger nach, indem sie am kleinen rechten Ende starten. Nun zeichnen sie die Breze mit dem linken Zeigefinger nach und starten am linken kleinen Ende. Anschließend fahren sie die Breze mit beiden Händen gleichzeitig nach und steigern dann die Geschwindigkeit.

Variation

☞ Zeigestäbe verwenden.

ENERGIZER

Schüler*innen

eine Klasse

Material

–

Raum

Klassenzimmer, Turnhalle

Zeit

ca. 3 Minuten

Kniefänger

Handwechsel

Zwei Schüler*innen stehen sich schulterbreit gegenüber.
Alle sehen den jeweiligen Partner*innen ins Gesicht, legen die Hände auf das eigene Knie und wechseln möglichst schnell zwischen den Knien hin und her.
Jede*r Schüler*in versucht, das unbewachte Knie des Gegenübers so häufig wie möglich zu berühren, um einen Punkt zu bekommen.
Nach 20 Sekunden werden die Rollen gewechselt.

Variation

☞ Die Übung wird in der Gruppe gespielt. Alle Schüler*innen bewegen sich im Raum und versuchen, die Knie der anderen Schüler*innen zu berühren.

ENERGIZER

Schüler*innen

eine Klasse

Material

–

Raum

Klassenzimmer

Zeit

ca. 5 Minuten

Bootsfahrt

Die Kinder sitzen „im Boot" bzw. auf einem Stuhl. Die Lehrkraft macht die Bewegungen vor, die Schüler*innen ahmen sie nach:

- Windstille: Arme nach oben ausgestreckt
- Wind von rechts: Arme nach links biegen
- Wind von links: Arme nach rechts biegen
- Starker Sturm: Wechsel rechts, links, vorne, hinten
- Kentern: vom Stuhl fallen
- Schwimmen: auf den Stuhl legen
- Ins Boot klettern: auf dem Stuhl sitzen

In einem zweiten Durchgang macht die Lehrkraft nur noch die Ansagen, zeigt aber die Bewegungen nicht mehr.

ENERGIZER

La Ola

ENERGIZER

Schüler*innen

eine Klasse

Material

–

Raum

Klassenzimmer

Zeit

ca. 5 Minuten

Alle Schüler*innen stehen im Kreis und bilden mit den Händen (Handrücken nach oben) ebenfalls einen Kreis. Das erste Kind oder die Lehrkraft drehen die rechte Hand nach oben (Handinnenseite nach oben), der*die Nachbar*in dreht nacheinander zuerst die linke und dann die rechte Hand um. Der*Die Nächste macht das Gleiche usw.
So entsteht eine kleine La-Ola-Welle. Bei den nächsten Runden wird das Tempo erhöht.

Variation

☞ Jede*r Schüler*in überkreuzt die Arme mit denen des*der Nachbarn*Nachbarin, sodass alle nun zwei andere Arme zwischen den eigenen haben. Dann erfolgt wiederum die La Ola.

Tiefe Mitte

ENTSPANNUNG

Schüler*innen

eine Klasse

Material

–

Raum

Klassenzimmer

Zeit

ca. 5 Minuten

Anmoderation: „Setze dich gerade hin, atme tief ein und aus. Lasse deine Zunge locker im Mund liegen. Konzentriere dich auf die Atmung in den Bauch. Lege alle Fingerspitzen aufeinander. Die Mitte des Dreiecks sollte auf Höhe des Bauchnabels sein. Atme tief durch die Nase ein und ganz fest durch den Mund aus. Spüre den Druck der Fingerkuppen. Drücke nun fest die Finger zusammen. Atme tief ein und aus. Verringere den Druck. Wiederhole dies 10 Mal.
Stelle dir mit offenen Augen, ohne zu blinzeln, eine brennende Kerze vor. Schließe nun die Augen und versuche dich wieder auf die Kerze zu konzentrieren. Jeden anderen Gedanken schiebst du beiseite."

Schüler*innen

eine Klasse

Material

–

Raum

Klassenzimmer

Zeit

ca. 3 Minuten

Strohhalm-Atmung

Anmoderation: „Spitze ganz unauffällig die Lippen, stell dir einfach vor, du hast einen Strohhalm im Mund. Gerne kannst du auch die Augen zumachen und dir einen schönen Strand vorstellen. Atme nun fünf Mal hintereinander ein und aus. Wenn du allein bist (und nur dann!), kannst du gern ein Schlürf-Geräusch machen."

ENTSPANNUNG

Schüler*innen

eine Klasse

Material

evtl. Matten

Raum

Klassenzimmer, Outdoor, Turnhalle

Zeit

ca. 5 Minuten

4-7-8

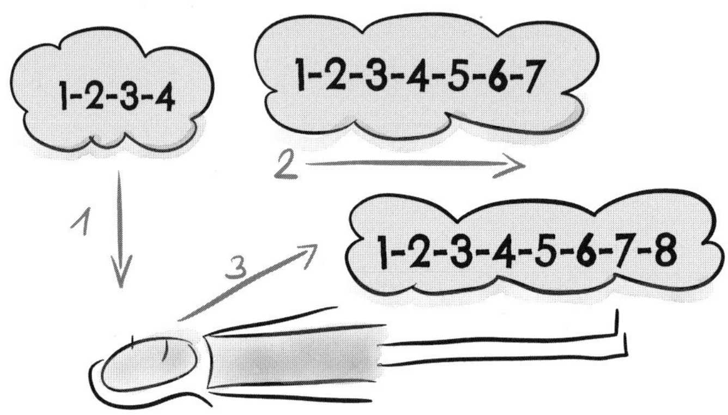

Anmoderation:

1. Lege dich in eine bequeme Position, am besten auf den Rücken.
2. Drücke deine Zunge sanft hinter den Schneidezähnen an den Gaumen.
3. Schließe den Mund, atme nun durch die Nase ein und zähle dabei langsam bis 4.
4. Halte den Atem an und zähle innerlich von 1 bis 7.
5. Atme langsam aus und zähle dabei bis 8.

ENTSPANNUNG

Übungen zur Vertiefung

Schüler*innen

eine Klasse 

Material

Plakat, „Blätter“ 

Raum

Klassenzimmer 

Zeit

Täglich ca. 5 Minuten 

Dankbarkeitsbaum

Die Lehrkraft zeichnet auf ein großes Plakat einen Baum nur mit Ästen, ohne Blätter.
Jeden Morgen notieren die Schüler*innen auf ausgeschnittenen Blättern (evtl. in verschiedenen Farben), wofür sie dankbar sind. Diese Blätter schneiden sie aus und kleben sie an die leeren Äste. Wichtig dabei ist, dass dies nicht immer große Begriffe sein müssen, sondern auch kleine Dinge ihre Berechtigung haben. So entsteht im Lauf der Woche der bunte Dankbarkeitsbaum.

Variation

☞ Jede*r Schüler*in zeichnet einen eigenen Baum auf.

Schüler*innen

eine Klasse

Material

–

Raum

Klassenzimmer

Zeit

7 Tage

Reflexion

Der*Die geheime Freund*in

Die Lehrkraft teilt jedem Kind ein Partnerkind zu, mit dem es bisher eher weniger Kontakt hat. Dieses wird zum geheimen Freund oder zur geheimen Freundin für eine Woche. Es ist sehr wichtig, dass die Zuteilung nicht verraten wird. Die Aufgabe ist nun, dem*der geheimen Freund*in sieben Tage lang etwas Gutes zu tun. Die Lehrkraft erinnert in diesen Tagen immer wieder an diese Aufgabe.

Hast du gemerkt, wer dein heimlicher Freund war? Wie ging es dir mit dem Wissen, dass sich jemand eine Woche lang über dich Gedanken gemacht hat? Worüber hast du dich gefreut? Welches Gefühl hattest du, als du jemandem etwas Gutes getan hast?

KENNENLERNEN

Schüler*innen

eine Klasse

Material

–

Raum

–

Zeit

Täglich 5–10 Minuten

Achtsame Sinne

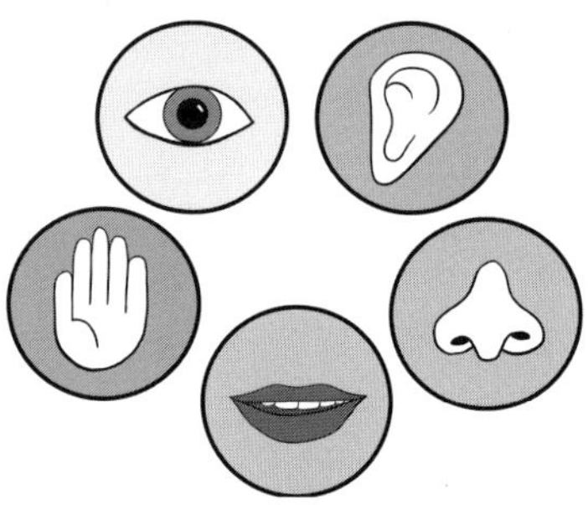

Die Schüler*innen bekommen folgende Arbeitsaufträge, die sie jeden Tag ausführen sollen. Nach Möglichkeit sollen sie ihre Eindrücke (in einem Tagebuch o. Ä.) protokollieren:

1. Setze dich an einen ruhigen Platz in der Natur und schließe die Augen für 5 Minuten. Was hörst du?
2. Iss dein Lieblingsessen. Schließe die Augen. Rieche ganz bewusst. Was löst es in dir aus?
   Kaue nun ganz bewusst. Zähle gedanklich bei jedem Bissen bis 30. Was schmeckst du bzw. was nimmst du wahr?
3. Suche dir frische Kräuter (Minze, Salbei, Lavendel o. Ä.). Verreibe sie zwischen den Fingern (Zeigefinger und Mittelfinger). Schließe die Augen. An was erinnert dich der Duft?
4. Setze dich zu Hause ans Fenster oder auf den Balkon. Was siehst du, was du noch nie gesehen hast?

VERTIEFUNG

Schüler*innen

eine Klasse

Material

–

Raum

–

Zeit

7 Tage

Meine Gefühle

Die Schüler*innen vervollständigen eine Woche lang jeden Tag folgende Sätze schriftlich (in einem Tagebuch o. Ä.):

1. Heute habe ich mich gefreut, als …
2. Heute fühlte ich mich traurig, als …
3. Heute war ich dankbar, als …
4. Heute war ich wütend, als …
5. Mein Highlight des Tages war …

VERTIEFUNG

Schüler*innen

eine Klasse

Material

–

Raum

–

Zeit

ca. 5 Minuten

Atmen

Die Schüler*innen sollen zu Hause eine Woche lang jeden Tag kurze Atemübungen (s. Karten „Strohhalm-Atmung“ oder „4-7-8“) durchführen und protokollieren (in einem Tagebuch o. Ä.).
Am Ende der Woche können ihre Empfindungen gemeinsam thematisiert werden.

VERTIEFUNG

Schüler*innen

eine Klasse

Material

–

Raum

Klassenzimmer, Stuhlkreis

Zeit

7 Tage

Komplimente

VERTIEFUNG

Die Schüler*innen bekommen die Aufgabe, täglich einem*einer Mitschüler*in ein echtes Kompliment (s. u.) zu machen. Sie sollen schriftlich festhalten, welches Kompliment sie anderen gemacht haben und welches Kompliment sie bekommen haben. Anschließend schreiben sie ihre Empfindungen beim „Komplimentegeben" und beim „Komplimenteempfang" auf.
Am Ende der Woche können diese Empfindungen gemeinsam thematisiert werden.

Was ist ein echtes Kompliment?
- positiv
- ehrlich
- detailliert (warum?)
- Wenn es dir schwerfällt: Was sind die Stärken bzw. Talente deines*deiner Mitschülers*Mitschülerin?
- Formuliere in ganzen Sätzen, z. B.:
  Du kannst stolz auf dich sein, weil …
  Ich finde es toll, dass du …

Schüler*innen

eine Klasse

Material

Karteikarten, Klebepunkte, Plakat

Raum

Klassenzimmer

Zeit

45 Minuten

Unser Team

VERTIEFUNG

Die Schüler*innen gehen zu dritt oder viert zusammen. Sie bekommen die Aufgabe, fünf Regeln aufzustellen, damit die Klasse ein tolles Team wird, und diese auf Karteikarten zu schreiben. Anschließend werden alle Karteikarten aufgehängt und geclustert.
Nun bekommt jede*r Schüler*in drei Klebepunkte und darf diese auf die Karten, die ihm*ihr am wichtigsten erscheinen, kleben.
Die 10 Karten mit den meisten Punkten werden auf das Plakat „Unser Team" oder „Unsere Mannschaft" geklebt (oder neu geschrieben).

Schüler*innen

Material

Raum

Zeit

Schüler*innen

Material

Raum

Zeit

Schüler*innen

Material

Raum

Zeit

Schüler*innen

Material

Raum

Zeit

Schüler*innen

Material

Raum

Zeit

Schüler*innen

Material

Raum

Zeit

Schüler*innen

Material

Raum

Zeit

Schüler*innen

Material

Raum

Zeit